乡村振兴战略下湖北省
农产品流通效率提升的
机制与路径研究

万凤娇 著

中国财经出版传媒集团

经济科学出版社
Economic Science Press
北京

图书在版编目（CIP）数据

乡村振兴战略下湖北省农产品流通效率提升的机制与
路径研究/万凤娇著. -- 北京：经济科学出版社，
2024.1
ISBN 978 - 7 - 5218 - 5554 - 8

Ⅰ.①乡… Ⅱ.①万… Ⅲ.①农产品流通 - 流通体系
- 研究 - 湖北 Ⅳ.①F724.72

中国国家版本馆 CIP 数据核字（2024）第 034213 号

责任编辑：刘　莎
责任校对：刘　昕
责任印制：邱　天

乡村振兴战略下湖北省农产品流通效率提升的机制与路径研究
Xiangcun Zhenxing Zhanlüe Xia HubeiSheng Nongchanpin
Liutong Xiaolü Tisheng De Jizhi Yu Lujing Yanjiu
万凤娇　著

经济科学出版社出版、发行　新华书店经销
社址：北京市海淀区阜成路甲 28 号　邮编：100142
总编部电话：010 - 88191217　发行部电话：010 - 88191522
网址：www. esp. com. cn
电子邮箱：esp@ esp. com. cn
天猫网店：经济科学出版社旗舰店
网址：http://jjkxcbs. tmall. com
固安华明印业有限公司印装
710×1000　16 开　14.5 印张　250000 字
2024 年 1 月第 1 版　2024 年 1 月第 1 次印刷
ISBN 978 - 7 - 5218 - 5554 - 8　定价：66.00 元
（图书出现印装问题，本社负责调换。电话：010 - 88191545）
（版权所有　侵权必究　打击盗版　举报热线：010 - 88191661
QQ：2242791300　营销中心电话：010 - 88191537
电子邮箱：dbts@ esp. com. cn）

本成果得到以下资助：

湖北省普通高等学校人文社会科学重点研究基地——武汉城市圈制造业发展研究中心；

湖北省重点学科——管理科学与工程；

湖北省省属高校优势特色学科群——城市圈经济与产业集成管理；

江汉大学会计专硕学位点

前　　言

2017 年，中央提出乡村振兴战略，并出台一系列政策，推进搞活农村市场，助力农村进一步发展。2022 年 10 月，党的二十大报告强调要全面推进乡村振兴，并指出要坚持农业农村优先发展。当前，做好"三农"工作，持续全面推进乡村振兴，确保农业稳产增产、农民稳步增收、农村稳定安宁，对于推动经济社会平稳健康发展，实现共同富裕具有重大意义。农业产业化兴旺是乡村振兴的核心力量，发展农产品流通产业，不仅能促进农产品增值，增加农民和农业经营者的收入，还能够有效调节农产品供需关系，保障农产品供求平衡，有效带动农村经济发展。农产品流通产业作为衔接农村生产与城市消费的桥梁，为实现乡村振兴战略带来新契机。

在乡村振兴战略实施的大背景下，农产品流通发生了巨大变化，如何推动农产品流通产业发展成为重要议题。湖北省作为长江经济带战略规划省份之一，同时也是农产品供给和需求大省，加强对湖北省农产品流通产业研究，深入剖析当前湖北省农产品流通产业发展的优势与不足，加强理论与实证研究，借鉴国内外发展经验，适时提出相应的对策建议，提升湖北省农产品流通产业整体运行效率，对推动湖北省农产品流通产业优化和完善具有重要的理论和现实意义。

本书立足乡村振兴战略大背景，依据从定性到定量，从简单到复杂的原则，通过"理论背景—发展现状—流通效率与乡村振兴的关系—流通效率的影响因素和提升路径分析"四部分的有机衔接展开研究。第一部分是定性研究。第二部分是农业与物流业协调发展对农产品流通现代化影响的定量研究。在第二部分的基础上，第三部分是从定量的角度进一步对农产品流通效率及乡村振兴水平进行评价，并深入探讨农产品流通效率对乡村振兴水平的影响。第四部分从定量的角度深入剖析影响农产品流通效率提升的关键因素。最后，根据四部分的研究结论提出提升湖北省农产品流通效率的对策建议、全书总结和研究展望。

第一部分是定性研究，包括第1章和第2章。第1章是概述，主要介绍问题的研究背景、研究意义以及本书的研究思路；第2章首先对区域分工理论、农产品供应链管理理论、投入产出理论、模糊集合理论及演化博弈理论等相关理论进行分析，然后详细梳理国内外有关乡村振兴及农产品流通的相关研究，为后续内容的研究奠定基础。

第二部分是农业与物流业协调发展对农产品流通现代化影响的定量研究，主要是第3章，基于2011～2020年省级面板数据，借助结合因子分析的熵权——TOPSIS法和耦合协调度模型测度农产品流通现代化水平以及农业与物流业协调发展程度，并进一步对农业与物流业协调发展影响农产品流通现代化的作用渠道和作用机制进行实证分析。

第三部分是农产品流通效率及乡村振兴水平评价的定量研究。包括第4～第7章。第4章首先对长江经济带各省市农产品流通效率进行评价，构建涵盖流通组织、流通规模、流通效率、流通贡献以及流通设施五个方面的评价指标体系，对其农产品流通能力进行分析，并借助Dagum基尼系数和Kernel密度估计对当前长江经济带各省市农产品流通效率进行评价，剖析出湖北省农产品流通能力及流通效率所处的地位；第5章对湖北省农产品流通产业发展现状进行分析，全面审视当前湖北省农产品流通产业的不足和障碍，提出要以流通效率为主要目标，提升整体流通能力；第6章，构建城市层面的评价指标体系，进一步对湖北省12个地级市农产品流通效率和乡村振兴水平进行评价，借助Dagum基尼系数和Kernel密度估计进行差异分析和动态演进分析；与此同时，在第7章进一步研究乡村振兴水平和农产品流通效率之间的关系，借助"功能—机制—目标"的研究框架，分析农产品流通效率助推乡村振兴的内在机制，并构建双重固定效应模型进行实证检验，剖析农产品流通效率与乡村振兴之间的内在联系，进一步验证提升农产品流通效率的重要作用。

第四部分从定量的角度深入剖析影响农产品流通效率提升的关键因素。包括第8~第10章。第8章以提升效率为目标，构建TOE（技术—组织—环境）理论框架，从技术、组织、环境三个方面选取影响因素，借助定性比较分析法（QCA）研究不同影响因素形成怎样的组态路径能促进农产品流通效率提升，并对效率的路径差异进行对比分析；第9章对与理论分析产生相悖作用的数字经济展开进一步分析，详细探究数字经济发展对农产品流通效率的影响机制，并分析产业协同集聚在数字经济影响农产品流通效率的过程中的调节效应，构建实证模型进行假设检验；第10章依据农产品"第一公里"的保鲜关键在于农产品产地与第三方物流，分析农产品产地与第三方物流参与农产品保鲜的内涵与演化驱动机理，研究在不同因素驱动下博弈双方的策略选择行为，为提升农产品流通效率提供更为完善的建议。

基于以上四个部分得出以下主要研究结论：

（1）第一，2011~2020年农产品流通现代化水平、农业与物流业协调发展程度均呈现稳步上升趋势；第二，农业与物流业的协调发展对农产品流通现代化具有显著的促进作用，在考虑内生性问题及替换核心变量后，该结论依然成立，具有稳健性；第三，农业与物流业协调发展能通过提升流通产业规模、促进农产品市场一体化以及培育创新力来提升农产品流通现代化；第四，农业与物流业协调发展对农产品流通现代化的促进作用在农业发展水平较低以及物流业发展水平较低的地区均存在异质性。

（2）长江经济带各省市农产品流通能力得分差距明显，湖北省综合流通能力排名第2，但农产品流通效率仅排名第5，农产品流通效率是阻碍长江经济带各省市农产品流通能力提升的关键障碍因子。

（3）长江经济带各省市农产品流通效率总体呈现波动上升趋势，但湖北省农产品流通效率年均值排名靠后，有较大的提升空间。

（4）湖北省城市之间农产品流通效率发展水平存在较为显著的非均衡态势，亟待缩小城市之间的效率差距。湖北省各市农产品流通效率主要分为两类，第一类城市主要分布在湖北省东部和北部地区，具有较高的农产品流通效率，第二类城市主要分布在湖北省中部和西部地区，流通效率相对偏低。

（5）湖北省城市之间乡村振兴水平存在由武汉、鄂州、襄阳引领型转为多城市共同高水平发展的趋势。与农产品流通效率不同的是，湖北省乡村振兴水平两极化现象逐渐衰退，乡村振兴发展逐渐均衡。

（6）湖北省农产品流通效率与乡村振兴水平之间具有显著的"U"形关系。其中数字经济发展对农产品流通效率影响乡村振兴水平具有显著的正向调节作用；农产品流通效率的提升能够促进第一产业发展和提高居民收入，以此推动乡村振兴；武汉都市圈建设会影响农产品流通效率与乡村振兴水平之间的关系，产生异质性。

（7）湖北省农产品流通效率存在来自技术、组织和环境层面的影响因素，其单一因素均不是促进高农产品流通效率的必要条件；形成高农产品流通效率的组态路径主要分为3类：组织引领型、环境带动型以及技术—组织协同型；而产生非高农产品流通效率的组态路径共有两条，数字经济作为核心条件存在，与理论相悖；武汉都市圈规划城市高农产品流通效率的实现路径与非武汉都市圈规划城市有显著不同，出现显著的异质性。

（8）数字经济发展有助于促进农产品流通产业由要素驱动向创新驱动转变，但数字技术对农产品流通产业的数字化改造并非一蹴而就，往往需要一定的适应过程。因此，数字经济发展对农产品流通效率是先抑制后促进的"U"形非线性关系；第一、第三产业协同集聚会在数字经济对农产品流通效率的影响过程中起到调节作用，并且这种调节作用会在武汉都市圈城市组和非武汉都市圈城市组产生调节效应的异质性。

（9）在碳交易背景下，作为供应链系统中的主要碳排放主体，第三方物流的决策会受到碳交易价格波动的影响，碳减排收益增加会驱使其升级冷藏技术；消费者价值感知度作为正向驱动力能给双方带来更多收益，从而会驱使系统向（升级技术，产地预冷）策略演化；合作收益大小取决于博弈双方的合作程度，它的增加也会驱使系统向（升级技术，产地预冷）策略演化；在多重驱动力作用下，能减少"搭便车"对系统的影响，最终演化到供应链保鲜最优策略选择（升级技术，产地预冷）。

　　第 11 章基于以上研究结论，提出提升湖北农产品流通效率的对策建议。第一，以区域协调发展为抓手，提升农产品流通效率；第二，重视多因素联动效应，开创效率提升多元路径；第三，深化地区数字技术发展，实现农产品流通高效率；第四，打造"第一公里"保鲜模式，推进流通产业深度整合。通过提升农产品流通效率，强化了农产品流通能力，进而推动农产品流通产业高质量发展，促进湖北省建设农业强省，实现乡村振兴。

　　最后，第 12 章基于上述研究成果，对本书所研究的主要结论进行总结，并对接下来进一步研究的方向进行了展望。

　　本书的研究和写作得到了湖北省社科基金项目"乡村振兴战略下湖北省农产品流通效率的测度评价、驱动机制与提升路径研究"（HBSKJJ20233273）、湖北省人文社科重点研究基地——武汉城市圈制造业发展研究中心重点项目"乡村振兴背景下长江经济带农产品流通效率研究"（W2022Z01）、中国物流学会研究项目"'双碳'目标下农产品流通效率提升路径研究"（2023CSLKT－142）、江汉大学校级项目"乡村振兴背景下农产品流通产业现代化的实现路径研究"（2023XYB05）的资助，为项目阶段性研究成果，在此表示衷心的感谢！

　　本书在编写过程中凝聚了研究生邱志成的辛勤劳动，在此表示感谢。在本书的写作过程中，作者已经尽可能详细地在参考文献中列出了各位专家和学者的研究成果，在此对他们的贡献表示深深的谢意。本书的出版还要感谢刘莎编辑的辛勤付出。

　　本书所做的工作在许多方面尚需进行深入和细致的研究，需要不断地充实与完善。由于作者水平有限，书中难免有不妥乃至错误之处，敬请读者批评指正。

万凤娇

2023 年 11 月

目录

第1章

绪　论

1.1　研究背景

1.1.1　乡村振兴战略的实施，亟须优化农产品流通产业体系

随着城市化进程的加速，农村经济的发展面临越来越严峻的挑战。发展不平衡和不充分导致农村地区的基础设施、公共服务以及经济发展模式的单一性，农业生产效率普遍偏低，农民收入相对较低，人才流失现象严重，这些问题成为制约农村经济可持续发展和国家经济社会全面发展的重要瓶颈。在此背景下，2017年10月，党的十九大报告中首次提出乡村振兴战略，通过改革农业发展方式、加快推进农业现代化、扶持农村产业发展、改善农民生产生活条件等措施，实现城乡经济的协调发展，为全面建设社会主义现代化国家提供坚实的农业基础和强有力的农村支撑。

一方面，国家一直重视"三农"问题，特别是农业的增产和增值问题受到了重点关注。为推动乡村振兴战略的落实，中央政府不断出台政策和措施，加大对农村地区的投入和支持，提升农村发展的活力和内生动力。《中共中

央、国务院关于做好 2023 年全面推进乡村振兴重点工作的意见》① 就指出：必须坚持不懈把解决好"三农"问题作为全党工作重中之重，举全党全社会之力全面推进乡村振兴，加快农业农村现代化。另一方面，乡村振兴战略也与农业强国和农业现代化的目标紧密关联。乡村振兴战略是中国实现农业强国和农业现代化的重要举措之一，通过引进先进技术和管理经验，改进农业生产和管理方式，加强品牌建设和营销，推动农业转型升级，实现农业供给侧结构性改革，进而推进农业现代化，为实现农业强国的目标打下坚实基础。可见，乡村振兴战略的实施与农业强国和农业现代化密不可分，是实现全面建设社会主义现代化国家的重要战略之一。

党的二十大报告提出，"加快构建新发展格局，着力推动高质量发展"，同时强调"增强国内大循环内生动力和可靠性，提升国际循环质量和水平"[1]。加快构建以国内大循环为主体、国内国际双循环相互促进的新发展格局，对于推动新时期我国经济社会高质量发展、实现更高水平对外开放具有重大战略意义[2]。构建新发展格局的基础在于畅通国内大循环，其中保障农业大循环的顺畅，有助于降低城乡要素错配梗阻、促进乡村产业融合升级，并不断激发乡村资源要素活力，释放农村居民的消费潜力，为乡村振兴战略的全面实施保驾护航[3]。农业作为稳定民心、安定天下的基础性产业，不仅是经济稳步发展的基石，而且是守好"三农"基本盘的关键所在。

农业大循环是国内大循环的基础和起点，农业大循环的顺畅需要处理好农产品供给和需求之间的关系，确保农业生产、分配、流通以及消费四大环节的协调有序。作为农产品生产与消费之间的桥梁，农产品流通产业在农业生产、分配、流通以及消费的循环链条中，起到促进要素市场和商品市场发展的重要作用[4]。一方面，农产品流通产业能引领农业产业升级，通过推动农产品流通产业向农业生产端延伸，加强流通产业与农业深度融合，能在生产端培育诸如农业合作社的新型农产品流通组织，并以此构建农户 + 种植基

---

① http：//www. lswz. gov. cn/html/xinwen/2023 - 02/13/content_273655. shtml。

地 + 龙头企业等的产销一体化流通链条，化解农业生产不成规模的困局；另一方面，农产品流通产业能推动居民消费升级，农产品流通产业的发展直接影响农产品消费需求实现，通过构建高效、规模适宜的农产品流通体系，推动农产品高品质供给，能满足消费者的多元化、多层次需求，而消费者需求的满足反过来又能驱动农产品流通产业的发展。因此，农产品流通产业可以通过优化农产品供给，拉动消费需求，进而促进国内大市场形成。

由中国社会科学院编撰的《中国农村发展报告（2021）——面向 2035 年的农业农村现代化》中也指出：要加快建设农业强国，实现由农业大国向农业强国转变的战略目标，这既是新发展阶段推进农业农村现代化的核心任务，更是全面建设社会主义现代化强国的必然要求和重要举措。高效的农产品流通体系有助于建设农业供给保障能力强、农业竞争力强、农业科技创新能力强、农业可持续发展能力强和农业发展水平高的农业强国。

1.1.2 农产品流通产业体系优化，亟待提升农产品流通效率

农产品流通产业在衔接生产与消费上发挥着重要的作用。根据国家统计局数据显示，我国居民人均粮食产量由 2011 年的 21 019 公斤①上升到 2021 年的 29 970 公斤，年均增速达到 42.59%；居民人均干鲜瓜果类产量 2011 ~ 2021 年年均增速也达到 36.19%，生产端的高产量强有力地保障着居民消费。在消费方面，以蔬菜为例，2013 ~ 2022 年，我国居民人均蔬菜产量与消费量均呈上升态势，如图 1 - 1 所示。值得一提的是，蔬菜人均产量远远大于消费量，呈现明显产需不对等现象，而这种现象还存在于粮食、水产品、干鲜瓜果类等其他农产品中。可以预见，农产品产量仍然会稳步上升，而如何提升农产品人均消费，实现农产品产销之间的平衡，让农产品消费市场"暖"起来，还需发挥农产品流通产业对生产与消费的衔接作用。

---

① 本书沿用国家统计局数据原单位"公斤"，便于理解。

图 1-1 2013～2021 年中国居民人均蔬菜产量与消费量

资料来源：国家统计局。

农产品流通体系连接着"田间"和"餐桌"两端，流通领域高成本、低效率等矛盾影响农业发展，也是推高农产品价格的首要因素，限制了居民消费，同时影响农民收入。农产品在流通领域的损耗非常严重，根据中物联冷链委、华经产业研究院发布的《2020～2025 年中国农产品物流行业发展前景预测及投资战略研究报告》中的调研数据显示，在当前流通体系下，国内水果、肉类、水产品在流通过程中，总体损耗率分别为 11%、8% 和 10% 左右，蔬菜的流通损耗率甚至达到 20% 以上，远高于发达国家 5% 以下的生鲜农产品流通损耗率，并且我国冷链物流配套设施不完备、信息化水平低、区域分布不均衡等问题严重，导致产需不对等，"断链"现象也经常出现，往往造成不必要的损失。

综上所述，农产品在流通中存在成本高、损耗率居高不下、传统批零渠道囿于层级冗余、信息传递不畅等问题，而"农超对接"、电商下沉乡村等新兴渠道规模则相对有限[5]，这些问题阻碍了农产品流通产销间的平衡和流通韧性的加强，阻碍着农产品流通效率的提升。特别是在近年来突发事件的冲击下，农产品短缺、价格高涨、周转不及时、损耗高等现象出现的概率更大。

《中共中央、国务院关于做好 2023 年全面推进乡村振兴重点工作的意见》再次指出：要加强农产品流通产业高质量发展，统筹农产品市场供应，确保农产品流通顺畅。因此，优化农产品流通产业的一大着力点在于提升农产品流通效率，这是降低农产品流通损耗、确保农产品稳定供应、满足消费者对农产品需求的必然要求，是实现农产品价值、降低农产品交易成本的重要途径，也有助于发展农村经济、解决三农问题，对于加快建设农业强国、增加农民收入以及促进经济增长有着重要意义。

1.1.3 农产品流通效率的进一步提升，需发挥多方主体作用

面对农产品流通领域存在的诸多不足，需要流通体系中多方主体的共同努力，其中政府发布合理政策以及政策的执行落地、企业的市场自发作用是流通体系高效发展的关键。一方面，从政府层面看，相关部门十分重视农产品流通业的发展，多次出台相关政策、发布政府指示文件来推动农产品流通业体系的完善（见表 1 - 1）。2021 年，财政部和商务部发布《关于进一步加强农产品供应链体系建设的通知》，强调开展农产品供应链体系建设，着力完善农产品流通骨干网络，强化长期稳定的产销对接机制，加快建设畅通高效、贯通城乡、安全规范的农产品现代流通体系，重点抓住跨区域农产品批发市场和干线冷链物流，补齐农产品流通设施短板，可见我国政府重视农产品流通业的发展。另一方面，从企业层面看，农产品流通体系涉及的生产、运输、储存、销售等多个环节都需要依靠相关企业积极参与运行，生产规模小、分散程度大的农户难以独立承担流通体系降本提效的责任。农产品流通企业作为政府政策的执行者，需要积极响应政府号召，要在引进先进物流技术、培养符合企业实际需要的人才等方面作出努力。

表1-1　　　　　　　2011～2022年我国有关农产品流通的部分政策

年份	颁布机构	法律政策	内容
2011	国务院办公厅	《关于加强鲜活农产品流通体系建设的意见》	提出了各级人民政府要增加财政投入，改造和新建一批公益性农产品批发市场，并明确了要做好财政资金引导，促进民间资本支持农产品流通发展
2012	商务部	《关于加快推进鲜活农产品流通创新的指导意见》	提出通过交易创新、管理创新和制度创新，积极推动技术、项目和要素向创新企业、市场和示范区集聚，全面推动鲜活农产品流通创新，提高农产品流通效率
2013	商务部办公厅	《关于加强农产品流通和农村市场体系建设工作的通知》	提出要充分发挥骨干企业和项目的示范、引领和支撑作用，加快完善农产品流通和农村市场体系
2014	中共中央、国务院	《关于全面深化农村改革加快推进农业现代化的若干意见》	着力加强促进农产品公平交易和提高流通效率的制度建设，加快制定全国农产品市场发展规划，落实部门协调机制，加强以大型农产品批发市场为骨干、覆盖全国的市场流通网络建设，开展公益性农产品批发市场建设试点
2015	中共中央、国务院	《2015年中央一号文件》	首次提出了支持农产品营销公共服务平台建设，指出要加快农村电子商务发展，促进农产品进城与农资和消费品下乡双向流通，这对农村信息化基础设施建设予以更大的支持
2016	中共中央、国务院	《关于落实发展新理念加快农业现代化实现全面小康目标的若干意见》	健全统一开放、布局合理、竞争有序的现代农产品市场体系，在搞活流通中促进农民增收。加快农产品批发市场升级改造，完善流通骨干网络，加强粮食等重要农产品仓储物流设施建设
2017	中共中央办公厅、国务院办公厅	《关于创新体制机制推进农业绿色发展的意见》	第一点任务就是要健全完善农产品流通体系，其中就明确了创新短链流通模式，加快技术创新，推进产地市场与新型农业经营主体、农产品加工企业、电商平台的对接，促进产销高效对接

年份	颁布机构	法律政策	内容
2019	中共中央、国务院	《长江三角洲区域一体化发展规划纲要》	提出要在农产品冷链物流领域先行开展区域统一标准试点，这对于农产品流通市场经营体系的完善也将起到促进作用
2020	中共中央、国务院	《2020年中央"一号文件"》	启动农产品仓储保鲜冷链物流设施建设工程，加强农产品冷链物流统筹规划、分级布局和标准制定
2021	财政部和商务部	《关于进一步加强农产品供应链体系建设的通知》	开展农产品供应链体系建设，着力完善农产品流通骨干网络，强化长期稳定的产销对接机制，加快建设畅通高效、贯通城乡、安全规范的农产品现代流通体系，重点抓住跨区域农产品批发市场和干线冷链物流，补齐农产品流通设施短板
2022	中共中央、国务院	《国家乡村振兴战略规划（2018～2022年)》	加快构建农村物流基础设施骨干网络，鼓励商贸、邮政、快递、供销、运输等企业加大在农村地区的设施网络布局

综上所述，政府和企业在完善农产品流通体系、降低农产品流通成本以及提升流通效率等方面都扮演着重要角色。因此，政府层面应该制定更多有利于引导农产品流通业发展的政策，并确保政策的有效执行与落地，企业需要积极响应相关政策号召，共同促进农产品流通体系的高效发展。

1.1.4 湖北建设农业强省，亟须加强农产品流通体系的建设

湖北省位于中国中部地区，地处长江中游，是长江经济带的重要组成部分之一。湖北省东邻安徽，西连重庆，西北与陕西接壤，南接江西、湖南，北与河南毗邻，总面积约18.5万平方千米。湖北省地形起伏较大，南部为丘陵和山地，北部为平原和丘陵地带，有长江和汉江两大水系贯穿全境，水资源丰富。气候属于亚热带季风气候，四季分明，降雨充沛，农业生产条件优

越。湖北省的农业发展条件比较优越，土地资源丰富，水资源充沛，气候温和，有利于农作物的生长和养殖业的发展。同时，湖北省拥有丰富的农业科技和人才资源，为农业的现代化和产业化提供了良好的条件。在交通基础设施方面，湖北省地理位置优越，交通便利，有我国著名的武汉长江大桥和长江三峡水利枢纽工程等重要交通和水利工程，铁路、高速公路和民用航空等交通方式也十分发达。此外，武汉天河国际机场也是我国重要的民航枢纽之一，能够快速方便地连接国内外各大城市，为湖北省的农产品进入国际市场提供了便利条件。

具体来看，湖北省作为我国重要的粮食和畜牧业生产基地。农业是湖北省的支柱产业之一，农业产品以稻谷、油菜籽、棉花、茶叶、水果、猪肉、牛肉等为主，其中稻谷产量占全国的比重较大，粮食总产量连续 10 年稳定在 500 亿斤（合 250 亿千克）以上，淡水鱼产量连续 27 年位居全国第一。农产品加工业产值与农业总产值之比达到 1.5∶1，新型农业经营主体突破 20 万个，农作物耕种综合机械化率达到 71.30%。同时，湖北全面打响长江"十年禁渔"攻坚战，实现化肥农药使用量连续 7 年负增长，农产品质量安全例行监测合格率稳定在较高水平。根据国家统计局数据显示，2013~2022 年湖北省农林牧渔业增加值实现稳定增长，如图 1-2 所示，年均增长率达 6.77%。在农业发展方面，湖北省积极推进农业现代化和产业化，加快发展高效农业，不断提高农业生产的科技含量和市场竞争力。湖北省还通过实施农村电商扶贫、农村旅游等政策，加强农村产业融合发展，促进农民增收和农业经济可持续发展。在省委、省政府"三农"工作部署下，湖北省上下一心，筑牢经济发展的"压舱石"，守好社会稳定的"战略后院"，"三农"发展取得重大成就。

当前国际环境日趋复杂多变，国际农业供应链格局受到冲击，粮食安全潜在风险进一步增大，给"保供固安全"带来巨大压力。非洲猪瘟、禽流感、猪流感等重大动物疫病以及旱灾、洪灾、暴雨、霜冻等极端天气频繁叠发，给农业生产带来不利影响。高质量发展、国内国际双循环发展的客观要求和农民对美好生活的更高期待，对湖北省加快农业农村现代化提出新要求。

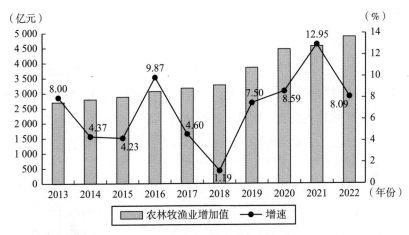

图 1 – 2　2013～2022 年湖北省农林牧渔业增加值及增速

资料来源：国家统计局。

　　加快生产服务、流通服务等生产性服务业向专业化和价值链高端延伸，推动生产性服务业与现代农业深度融合是促进农业农村发展，实现乡村振兴战略的关键。湖北省优越的地理位置，完善的交通基础设施，为农产品物流提供了多元化的选择。其中，湖北省境内的长江干线、汉江干线和黄河干线等大江大河成为湖北省农产品物流的重要通道。根据国家统计局数据显示，2011～2021 年湖北省货运量基本呈现上升趋势（见图 1 – 3），其中，公路运输货运量较大，主要集中在长江沿岸的城市和农业产区。农产品、煤炭、钢铁等是公路运输的主要货种。随着湖北省参与"一带一路"倡议和长江经济带建设，湖北省公路运输也将面临更大的发展机遇和挑战。

　　为推动农业农村发展，充分发挥产业基础和区位优势，湖北省陆续出台一系列规划文件，对全省未来发展进行顶层设计。其中，2021 年 4 月发布的《湖北省国民经济和社会发展"十四五"规划》①中指出，要加快建设现代化、高效率、低成本的流通网络，促进商品和服务跨区域流通，推动实现经济循环流转和产业关联畅通，同时实施城乡高效配送专项行动，提高物流配送效率。

---

　　① 　https：//fgw.hubei.gov.cn/fgjj/ztzl/zl/2021/hbsssgh/ghqw/202104/t20210413_3467299.shtml。

改造提升农村物流基础设施,加强农产品物流骨干网络和农产品产地冷链物流体系建设,完善农村流通服务体系。2021年9月发布的《农业农村现代化"十四五"规划》①中再次强调,要畅通"工业品下乡"和"农产品进城"双向渠道,推进国家农村物流服务品牌创建。推进快递"进村",建设县乡村三级寄递物流体系,支持邮政、快递、物流等企业共建共享基础设施和配送渠道,建立健全农村邮政体系、末端共同配送体系、协同发展体系、冷链寄递体系。

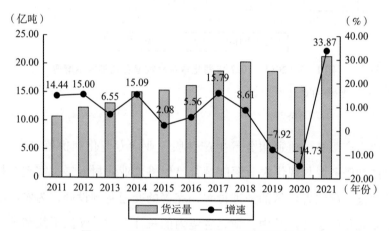

图 1 - 3　2011 ~ 2021 年湖北省货运量及增速

资料来源:国家统计局。

综上所述,在国家大力实施乡村振兴战略和推进农业农村现代化发展的背景下,湖北省作为重要的农产品生产和流通基地,亟须加强农产品流通体系的建设,提升农产品流通效率,保障市场供应,建设农业强省,助力乡村振兴,为构建新发展格局提供有力支撑。在乡村振兴战略背景下,湖北省农产品流通产业该如何提升农产品流通效率,以此降低农产品流通损耗、确保农产品稳定供应、满足消费者对农产品的需求,成为当前需要解决的重要问题。

因此,本书就基于乡村振兴战略背景,首先探究农业与物流业协调发展

---

① http://nyt.hubei.gov.cn/zfxxgk/fdzdgknr_GK2020/ghxx_GK2020/fzgh_GK2020/202111/t20211105_3846163.shtml。

对农产品流通现代化的影响，然后对长江经济带各省市农产品流通效率进行评价，重点对湖北省农产品流通效率进行评价和分析，剖析乡村振兴水平和农产品流通效率之间的关系，挖掘农产品流通效率助推乡村振兴的内在机制，以此提出提升湖北省农产品流通效率的对策建议。

1.2　研究目的和意义

1.2.1　研究目的

农产品流通产业在满足人民生活需求、支持农业发展以及促进经济增长等方面扮演着重要角色。提升农产品流通效率，可以推动农产品流通产业高质量发展，也为扎实推进乡村振兴战略、推动农产品流通现代化、实现共同富裕提供帮助。本书旨在实施乡村振兴战略大背景下，采用定性和定量相结合，分析农业与物流业协调发展对农产品流通现代化的影响，并识别出限制当前湖北省农产品流通产业发展的短板，以及限制农产品流通能力提升的障碍因素。重点以农产品流通效率为切入点，分析当前湖北省农产品流通效率现状，并对影响提升农产品流通效率的因素进行定性和定量分析，厘清乡村振兴战略背景下湖北省农产品流通效率的提升路径，提出相应的对策建议，以期提升湖北省农产品流通效率，强化湖北省农产品流通能力，进而推动农产品流通产业高质量发展，促进湖北省建设成为农业强省，实现乡村振兴。

1.2.2　研究意义

在实施乡村振兴战略的时代背景下，农产品流通产业被赋予新机遇与新动能，农产品流通产业的发展事关国计民生。进入新时代，借鉴国内外研究经验，进一步对农产品流通产业进行研究，分析农产品流通产业存在的短板与缺陷，适时提出相应的解决策略，具有重要的理论和实践意义。

一方面，从理论层面来看，本书立足农产品流通产业发展特性，基于区域分工理论、农产品供应链管理理论、投入产出理论、模糊集合理论以及演化博弈理论等，运用回归分析、数据包络分析、QCA等量化方法，对湖北省农产品流通能力及农产品流通效率的含义、理论体系、影响因素等方面作全面分析与论证，为当前农产品流通产业的研究，特别是针对湖北省农产品流通效率的研究提供补充和理论支撑。另一方面，从实践层面来看，本书以现有研究和理论为基础，系统分析了当前湖北省农产品流通产业现状、存在的问题、影响因素，主要包括：构建实证模型，分析农业与物流业协调发展对农产品流通现代化的影响，找出其内在的影响效应与机理；运用定量模型分析当前长江经济带以及湖北省农产品流通效率的现状；探究农产品流通效率和乡村振兴水平之间的关系；剖析影响农产品流通效率因素之间的组态效应；并重点分析数字经济发展对农产品流通效率的影响和农产品流通产业"第一公里"主体策略选择问题；最后依据研究结论，提出提升湖北省农产品流通效率的对策建议，为湖北省建设农业强省、促进乡村振兴提供参考。

1.3　研究内容和方法

1.3.1　研究内容

本书针对当前国家政策中提出的乡村振兴战略和推进农业农村现代化战略，在借鉴国内外对乡村振兴和农产品流通研究的基础上，以研究农产品流通效率为目的，首先分析农业与物流业协调发展对农产品流通现代化的影响，两者协调发展可为农产品流通体系现代化建设提供支撑；其次以长江经济带为研究视角，探索长江经济带各省市农产品流通效率，以期找出湖北省在整个长江经济带中所处的地位；再次从定性角度分析湖北省农产品流通产业发展现状及存在的问题，并运用定量的方法评价湖北省农产品流通效率以及乡村振兴水平，重点分析湖北省农产品流通效率对乡村振兴水平的影响，以及湖北省农产品流通效率的组态路径，深入剖析制约湖北省农产品流通效率提升的主要因素；并分析不同主体策略对农产品流通效率提升的作用。最后，给出提升湖北省农产品流通效率的有针对性和可操作性的对策和建议，以期推动湖北省农产品流通产业的高质量发展，同时也为政府制定相关的法律法规政策提供理论依据。研究内容主要包括以下几个章节：

（1）相关理论及文献综述

本章梳理和研究相关理论及国内外研究综述，为后续研究奠定理论依据。

①介绍了区域分工理论、农产品供应链管理理论、投入产出理论、模糊集合理论及演化博弈理论，为本书的可行性提供理论支撑。

②详细梳理国内外有关乡村振兴及农产品流通的相关研究，为后续内容的研究奠定基础。

（2）农业与物流业协调发展对农产品流通现代化的影响研究

本章基于 2011～2020 年省级面板数据，借助结合因子分析的熵权——TOPSIS 法和耦合协调度模型测度农产品流通现代化水平以及农业与物流业协调发展程度，并从农产品流通产业规模、农产品市场一体化和创新力培育三个角度梳理农业与物流业协调发展对农产品流通现代化的内在作用渠道，进一步从农业和物流业发展水平异质性角度出发，探讨农业和物流业协调发展对农产品流通现代化的作用机制，为后续研究的可行性提供支撑。

（3）长江经济带各省市农产品流通效率评价

本章在分析长江经济带各省市农产品流通能力水平的基础上，重点评价长江经济带农产品流通效率。首先，构建涵盖流通组织、流通规模、流通效率、流通贡献以及流通设施五个方面的评价指标体系，运用全局熵权法对长江经济带 11 个省市的农产品流通能力进行分析，并通过障碍度模型分析得出影响当前农产品流通产业发展的最大障碍因子为农产品流通效率。其次，进一步从投入产出角度构建农产品流通效率评价指标体系，并借助 Dagum 基尼系数和 Kernel 密度估计对当前长江经济带 11 个省市的农产品流通效率进行评价，重点突出湖北省农产品流通效率在长江经济带中的地位，为后文进一步分析奠定基础。

（4）湖北省农产品流通产业发展现状分析

本章对当前湖北省农产品流通产业涉及的流通环境、流通主体、流通客体、流通载体以及流通渠道现状进行分析，为湖北省农产品流通效率的研究提供宏观视野，并指出当前湖北省农产品流通产业发展可能存在的问题，以期为后续研究提供相关的参考。

（5）湖北省农产品流通效率及乡村振兴水平评价

本章构建城市层面的评价指标体系，进一步对湖北省 12 个地级市农产品流通效率和乡村振兴水平进行评价，借助 Dagum 基尼系数和 Kernel 密度估计进行差异分析和动态演进分析，以期为第 7 章分析农产品流通效率对乡村振兴水平的影响提供理论依据。

（6）湖北省农产品流通效率对乡村振兴水平的影响分析

本章借助"功能—机制—目标"研究框架，分析农产品流通效率助推乡村振兴的内在机制，并构建双重固定效应模型，以第 6 章的测度结果为基础，进行实证检验，剖析农产品流通效率与乡村振兴之间的内在联系，再次验证提升农产品流通效率的必要性。

（7）湖北省农产品流通效率的组态路径分析

本章构建 TOE（技术—组织—环境）理论框架，从技术、组织、环境三个方面选取影响因素，借助定性比较分析法（QCA）研究不同影响因素形成怎样的组态路径能促进农产品流通效率提升，以此找出农产品流通产业提升效率的最佳路径，并对效率的路径差异进行对比分析，以期为第 11 章提出湖北省农产品流通效率提升的对策建议提供相关的参考。

（8）数字经济对湖北省农产品流通效率的影响

本章依据组态路径分析中得出的结论之一：数字经济的发展无法促进农产品流通效率提升。由于这与理论分析存在相悖，需进一步探究数字经济发展对农产品流通效率的影响机制，并分析产业协同集聚在数字经济影响农产品流通效率的过程中的调节效应，通过构建双向固定效应模型对研究假设进行验证，以期为第 11 章提出湖北省农产品流通效率提升的对策建议提供相关的参考。

（9）不同主体策略对农产品流通效率提升的作用研究

由于在农产品流通产业的发展中，"第一公里"是痛点难点，农产品保鲜有助于提升后续流通环节的效率。因此，本章构建农产品产地与 3PL 之间的农产品保鲜演化博弈模型，在分析农产品产地与 3PL 参与保鲜的内涵与演化驱动机理基础上，研究在不同因素驱动下博弈双方的策略选择行为，并运用 MATLAB 软件进行数值仿真，以期为第 11 章提出湖北省农产品流通效率提升的对策建议提供相关的参考。

（10）提升湖北省农产品流通效率的对策建议

根据前文研究分析结果，提出提升湖北省农产品流通效率的对策建议，以期为湖北省农产品流通产业的高质量发展提供科学决策。

1.3.2 研究方法

（1）归纳总结法

对本书涉及的理论包括区域分工理论、农产品供应链管理理论、投入产出理论、模糊集合理论以及演化博弈理论等进行归纳与整理，针对农产品流通相关概念、研究作介绍及综述，为研究奠定理论基础。

（2）对比分析法

对长江经济带各省市及湖北省 12 个地级市农产品流通效率作对比分析，分析不同区域农产品流通效率的差异来源以及不同区域农产品流通效率发展的路径差异。

（3）定性和定量相结合分析法

对农产品流通发展现状进行定性分析，借助结合因子分析的熵权——TOPSIS 法和耦合协调度模型测度农产品流通现代化水平以及农业与物流业协调发展程度，并进一步对农业与物流业协调发展影响农产品流通现代化的作用渠道和作用机制进行实证分析，然后借助数据包络分析、回归分析、QCA 等方法对农产品流通效率及影响因素作定量分析，通过定性与定量结合法得出研究结论，以此提出相应的对策建议。

（4）演化博弈法

构建产地与第三方物流之间的农产品保鲜演化博弈模型，在分析产地与第三方物流参与保鲜的内涵与演化驱动机理的基础上，研究在不同因素驱动下博弈双方的策略选择行为，并运用 MATLAB 软件进行数值仿真。

1.4　研究思路和技术路线图

根据研究目的和研究内容，本书的研究思路可以梳理为以下五个有机联系的部分：

第一部分，农业与物流业协调发展对农产品流通现代化的影响研究。

本部分重点探究以下几个方面：

（1）测度 2011～2020 年全国 30 个省区市（不包含港澳台地区和西藏自治区）农产品流通现代化水平以及农业与物流业协调发展程度，并对不同区域的发展特征作分析。

（2）借助计量模型探究农业与物流业协调发展对农产品流通现代化的影响效应，并从农产品流通产业规模、农产品市场一体化和创新力培育三个角度梳理农业与物流业协调发展对农产品流通现代化的内在作用渠道，对已有研究视角进行补充。

（3）进一步从农业和物流业发展水平异质性角度出发，探讨农业与物流业协调发展对农产品流通现代化的作用机制，以期为提升农产品流通现代化水平提供新的证据。

第二部分，长江经济带各省市农产品流通效率评价。

本部分聚焦分析长江经济带各省市农产品流通产业发展情况，首先构建涵盖流通组织、流通规模、流通效率、流通贡献以及流通设施五个方面的评价指标体系，运用全局熵权法对其农产品流通能力进行分析，并通过障碍度模型分析得出影响当前农产品流通产业发展的最大障碍因子为农产品流通效率。其次，从投入产出角度构建农产品流通效率评价指标体系，并借助

Dagum 基尼系数和 Kernel 密度估计对其农产品流通效率进行评价，重点突出湖北省农产品流通效率在长江经济带中的地位。

第三部分，湖北省农产品流通产业发展现状分析。

本部分对当前湖北省农产品流通产业涉及的流通环境、流通主体、流通客体、流通载体以及流通渠道现状进行分析，为湖北省农产品流通效率的研究提供宏观视野，并指出当前湖北省农产品流通产业发展可能存在的问题，以期为后续研究提供相关的参考。

第四部分，提升农产品流通效率对乡村振兴发展的影响。

本部分的核心是找到农产品流通效率对乡村振兴发展的影响，从而能以提升农产品流通效率来促进农业农村发展，推动乡村振兴，所以本部分重点研究两者的发展水平及相互关系。以湖北省城市层面为研究视角，分析当前湖北省农产品流通效率和乡村振兴发展水平现状，深入分析两者之间的影响机制，并构建双重固定效应模型，进行实证检验。通过研究提升农产品流通效率对乡村振兴的促进作用，再次验证提升湖北省农产品流通效率的必要性。

第五部分，农产品流通效率的影响因素和提升路径分析。

提升农产品流通效率具有重要的理论和现实意义，本部分首先以多重因素间协同匹配效应为思路，分析不同影响因素之间的组态效应，探讨导致区域间农产品流通效率差异化的条件组态与影响机理；其次，通过组态路径的分析，厘出数字经济作为核心影响因素，并重点分析数字经济发展对农产品流通效率的影响机理，同时构建双重固定效应模型进行检验，在一定程度上降低了将数字经济作为核心解释变量的盲从性，使得本研究更具合理性；再次，分析农产品流通产业"第一公里"的保鲜问题，分析农产品产地与 3PL 参与保鲜的内涵与演化驱动机理，为提升农产品流通效率提供新视角；最后，根据前文研究结论，提出提升湖北省农产品流通效率的政策建议。

综上所述，本书以乡村振兴战略为背景，立足湖北省农产品流通产业发展，以提升农产品流通效率为切入点，通过五个部分之间的有机衔接和层层递进，进而为湖北省农产品流通效率的提升提供策略。本书的技术路线如图 1-4 所示。

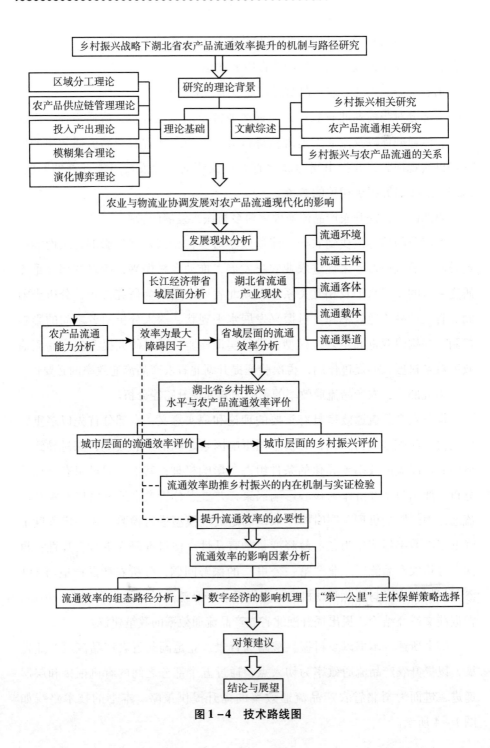

图1-4 技术路线图

1.5 本书的创新点

（1）以往研究更多集中于从建设农业物流、扩大流通规模、减少市场分割等理论角度出发，来探讨农产品流通现代化的发展方向。随着对产业协调发展关注的提升，进一步挖掘农业与物流业协调发展对农产品流通现代化的影响效应和作用机制，提出提升农产品流通效率的必要性。

（2）基于评价尺度的多元性，从省域和城市两个层面对农产品流通产业进行分析，并以农产品流通效率为切入点展开研究，将 TOE 与 QCA 相结合，系统地梳理了不同层面的影响因素，同时以影响因素的组态效应为研究侧重点，弥补单一因素分析的不足。

（3）分析不同主体策略选择的演化博弈问题，从供应链视角，研究农产品"第一公里"保鲜对整体农产品流通产业发展的作用，对前文的研究作重要补充。

第 2 章

理论基础与文献综述

2.1 理论基础

2.1.1 区域分工理论

区域分工理论（regional specialization theory）是一种经济学理论，旨在解释为什么不同地区之间存在着不同的产业结构和经济活动。该理论认为，由于地区资源的不同分布、劳动力技能和技术差异，不同地区之间的生产成本和效率也会不同。因此，各个地区会根据其相对优势选择从事不同的经济活动和产业，形成各自独特的产业结构和特殊领域，从而形成区域分工。区域分工理论的核心思想是，各个地区应当专注于自己相对擅长的产业，以最大化经济效益。如果每个地区都试图生产所有的产品和服务，将导致资源浪费、生产效率低下，最终导致整体经济效益降低。相反，如果每个地区都集中于自己的专业领域，将产生规模经济和技术创新的优势，从而提高整个地区的生产力和竞争力。区域分工理论认为，各个地区之间的相对优势可以通过比较成本原则进行分析。比较成本原则指的是，如果一个地区的生产成本比另一个地区低，那么该地区应当专注于生产这种商品或服务，以便在市场上取得竞争优势。这种优势可以基于某些资源或技术的相对丰富程度，例如地理位置、气候条件、劳动力技能、原材料可得性等。区域分工理论还强调，随着时间的推移和技术的进步，各个地区之间的相对优势会发生变化，因此产业结构和区域分工也会随之变化。例如，随着信息技术和全球化的发展，某些地区可能会出现新的相对优势，从而吸引新的产业和投资，而其他地区则可能失去原有的优势。

总之，区域分工理论认为，不同地区之间的产业结构和经济活动差异是由资源和技术的相对优势所决定的。各个地区应当专注于自己的特定领域，以便最大化其经济效益和整体地区的生产力和竞争力。区域分工理论为研究农产品流通产业提供了有益的理论框架，深入理解产业组织、优化资源配置、促进合作发展等方面的问题，为农产品流通产业的可持续发展提供了重要参考和指导。

2.1.2 农产品供应链管理理论

供应链管理是指商品或服务从源头到消费者的整个过程中，通过研究产业内部不同企业和主体之间的协调、管理和优化，在强调系统整体效率最优的基础上，实现供应链效率、效益和利润最大化。供应链管理理论主要包括：供应链战略、供应链设计、供应链协调、供应链执行、供应链评估以及供应链优化。从农产品流通来看，农产品流通涉及农产品从农户、种植基地等产地到销地的全过程，农产品供应链管理指的是在农产品流通中，不同主体互相整合资源并进行协同运作，以实现农产品流通系统效率最大化的过程。在这个过程中，农产品一般需要经历种植、采购、仓储、运输、零售等环节，而农产品流通体系是指农产品在流通过程中，各要素和各环节按照一定联系和规则所形成的有秩序、稳定的系统。农产品流通体系主要包括农产品流通环境、流通主体、流通客体、流通载体以及流通渠道等方面，具有复杂、多元、覆盖面广的特点，如图 2-1 所示。农产品流通中的商流、资金流、信息流和物流在流通系统中高效、顺畅地进行传递和转换，保障了终端消费者与产地之间的联系与服务。可以说，农产品流通体系是农产品生产与消费的"黏合剂"，也是扩大消费市场、保障农民收入以及统一大市场构建的重要保障。

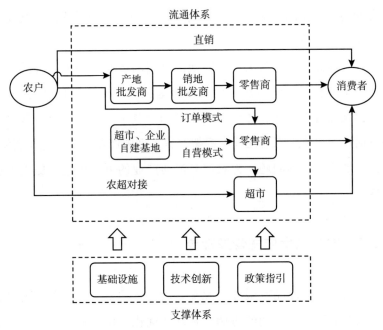

图 2 - 1　农产品流通体系简图

注：笔者整理相关资料绘制。

农产品供应链管理是现代供应链管理理论的一个重要分支，主要包括以下几个方面：第一，农产品供应链的整合和优化。通过整合各个环节的生产、流通、销售等资源，建立起统一的信息平台和物流体系，以最小化时间、成本和质量的损失，提高整个供应链的效率和效益。第二，风险管理和控制。农业生产过程中存在许多不确定性和风险，例如气候灾害、疾病疫情、市场需求等因素都可能对供应链带来不利影响。因此，农产品供应链管理需要通过有效的风险管理和控制措施，对这些风险进行评估和应对，以保障供应链的稳定和可持续发展。第三，信息技术的应用。通过信息技术的应用，建立起农产品供应链管理的信息平台，实现对供应链各个环节的实时监测和管理，从而提高供应链的效率和透明度。第四，质量管理和监控。在农产品供应链的每个环节，都需要进行严格的质量管理和监控。从生产到流通和销售，都需要建立起相应的质量控制标准和监管机制，以确保农产品的质量和安全。第五，合作与协调。农产品供应链管理需要建立起各个环节之间的合作与协调关系，以提高供应链的整体效益。例如，生产者、批发商和零售商之间的协作和协调，可以实现资源共享、风险分担和成本控制。

2.1.3 投入产出理论

投入产出理论是一种分析社会和企业经济活动的宏观经济学理论，由华西里·列昂惕夫（Wassily Leontief）于1936年提出，核心概念来自里昂·瓦尔拉斯（Léon Walras）的一般均衡理论。投入产出分析理论是一种经济分析工具，用于评估一个国家、地区或产业的生产和消费过程中各个经济部门之间的关系，以及这些部门对于整个经济体的贡献。投入产出分析的基本思想是，每个经济部门的产出都需要消耗一定数量的投入，包括劳动、资本、原材料和服务等。同时，每个经济部门的产出又是其他部门的投入，它们之间存在着相互依存的关系。通过对这些投入和产出的关系进行量化分析，可以评估整个经济体的生产力和效率，以及不同部门之间的联系和互动。投入产出理论的核心在于构建投入产出表来分析投入与产出之间的关系，投入一般指的是经济活动所消耗的资金、人力、资源等，产出指的是所创造的经济和实物价值。经过多年发展，投入产出理论不再局限于投入产出表，而是衍生出投入产出数学模型，通过数学模型和投入产出表的结合，可以更好地分析经济效益和效率水平。投入产出理论适用于从宏观层面对农产品流通系统整体效率进行分析，因此，本书采用投入产出理论作为理论基础，在后续主要从投入产出角度对农产品流通效率评价指标体系进行构建。

2.1.4 模糊集合理论

模糊集和清晰集是常用的两种集合理论，模糊集合（fuzzy sets）的概念最早由美国数学家扎德（L. A. Zadeh）于20世纪60年代提出，作为一种数学理论，常用于处理不确定或模糊的信息。它是对传统集合论的扩展和推广，允许元素具有不完全的归属度或隶属度，可以更好地处理实际问题中的模糊性和不确定性。模糊集合理论与清晰集合理论不同，清晰集合理论在讨论元素与集合的关系时，只关注"是"与"否"两种情况，例如在分析身高问题上，常常将身高大于180厘米的研究对象定义为高身高，而小于160厘米的研究对象定义为低身高。用清晰集合理论分析身高问题时，用［1］表示身高大于180厘米的研究对象，用［0］表示身高小于160厘米的研究对象，然而对于身高范围在160～180厘米的研究对象则无法用集合表示高矮属性；而模糊集合理论则是将研究对象定义在［0，1］的区间内，用0代表完全不隶属点，即相对低水平的研究对象，用1代表完全隶属点，即相对高水平的研究对象。

模糊集合理论可以应用于很多领域，包括模式识别、人工智能、决策分析等。它可以用于模糊推理和模糊控制，例如通过分析模糊集合的交集、并集、补集等关系，推导出新的模糊集合，从而实现模糊推理。同时，它还可以用于解决决策问题，例如通过对不同决策方案的隶属度进行分析，选择最优的决策方案。模糊集合理论灵活性和适应性较优，常用于分析复杂的经济问题，农产品流通效率就是一个涉及多对象的复杂系统，本书基于模糊集合理论的QCA法对农产品流通效率的影响因素进行分析。

2.1.5 演化博弈理论

演化博弈理论是一种运用于生物学、经济学、社会学等领域的数学工具，旨在研究生物和人类之间的竞争和合作行为。它是在达尔文的自然选择理论和博弈论的基础上，将演化过程与博弈论相结合而形成的一种理论。演化博弈论的基本假设是：人类和动物的行为是经过长期演化而形成的，他们的行为取决于周围环境，包括其他个体的行为。在博弈中，每个个体的行为选择是为了获得最大的生存和繁殖利益。演化博弈论研究的是一个个体的行为会如何随着时间推移而发生改变，并如何影响其他个体的行为选择。

演化博弈理论主要包括两种模型：演化稳定策略和演化动态。演化稳定策略指的是一个策略在长时间演化过程中获得最大收益，不会被其他策略所替代，即演化稳定。演化动态是指各个个体在不同时间作出的选择，导致整个系统的演化过程。通过分析演化动态，可以预测不同策略的生存和繁殖优势，从而得出最优策略。演化博弈理论的应用非常广泛，其中包括生物学、经济学、社会学等领域。在生物学中，演化博弈理论可以用于解释动物间的合作和竞争现象。在经济学中，演化博弈理论可以用于研究市场竞争和企业战略选择。在社会学中，演化博弈理论可以用于研究社会交互和决策行为。

总之，演化博弈理论提供了一种新的角度，来解释和预测不同个体之间的行为选择和互动，从而帮助我们更好地理解复杂的社会、经济和生物现象。农产品供应链涉及多个主体之间的协同合作，不同主体的策略选择会对农产品供应链的运作产生影响，通过演化博弈理论，可以分析不同主体策略选择的动态演化，使得分析更加准确和科学。

2.2　文献综述

2.2.1　乡村振兴相关研究

当前，针对乡村振兴的相关研究成果颇丰，主要可以分为对乡村振兴战略概念、含义、内涵的研究，乡村振兴发展水平评价的研究以及影响乡村振兴水平的因素研究等方面。

（1）乡村振兴战略的含义

乡村振兴战略是我国为实现农村全面振兴、促进农村经济社会持续健康发展而制定和实施的一项重要战略。这一战略旨在通过加强农村基础设施建设、推动农业现代化、促进农村产业升级、改善农村生活条件等一系列措施，实现城乡经济社会协调发展，提高农村居民的获得感和幸福感。经过全党全国各族人民持续奋斗，2020 年全面建成了小康社会，乡村振兴战略的进一步实施，将继续有力促进我国农村经济的发展，改善农民的生产生活条件，促进城乡融合发展，提升国家整体实力。

对乡村振兴战略内涵要义的分析，将有益于推动实施乡村振兴战略。当前学界对于如何界定乡村振兴战略的内涵，还未统一。学者们界定乡村振兴战略的内涵，主要分为"空间格局""五位一体""双重意蕴""实践活动"等方面。朱建江认为，乡村振兴战略旨在为地域性农村建设提出综合性要求和基本性指引，强调物理空间的概念性规划和整体性约束[6]。马丽认为，乡村振兴战略旨在根据政治、经济、文化、社会和生态五个维度的发展需求，推动乡村实现"五位一体"协同发展，达到繁荣昌盛和全面进步的目标，从而构建具备可持续发展特质的美丽乡村[7]。李长学认为，乡村振兴战略内涵包含"内、外"两个层面的要点。在"内"部，关注了乡村社会未能实现现代化发展的状况，呼应了我国全面建成小康社会、启动构建社会主义现代化强国的新征程。而在"外"部，乡村振兴战略是一个长期而复杂的进程，需要构建一个系统性的工程[8]。杨谦等认为，乡村振兴战略体现了当代中国共产党人以共产主义理念为指引，坚定推动我国特色社会主义农村建设的实际行动，彰显了对人类社会发展规律不断深化认知的活力展示[9]。

对于乡村振兴战略内容逻辑的分析，主要针对十九大报告提出的"五句话、二十字"总要求进行解读。朱泽指出，乡村振兴战略的核心要求包含在二十字总要求中，从促进产业繁荣为切入点，到实现居民生活富裕为终极目标，形成了一个完整的目标体系[10]。李周强调，产业兴旺的总要求旨在使农村经济繁荣发展，生态宜居的目标在于协调经济与生态的关系，乡风文明则成为乡村建设的核心价值，治理的有效实施旨在提升战略执行的成效，而生活富裕更是改革开放的重要奋斗目标[11]。李志龙认为"产业兴旺"所蕴含的内涵是经济结构转型、个人收入提升和资源优化配置的内在规律；"生态宜居"追求着居住质量的提升，对乡村景色的美化提出要求；"乡风文明"则是对精神文化建设的活跃回应；"治理有效"需要建立一个法治、德治、自治有机结合的乡村治理机制；而"生活富裕"的目标则聚焦于农民收入增加，城乡差距缩小[12]。上述研究有助于分析当前乡村振兴的发展水平，有利于对乡村振兴的进程开展目标评价、过程评价、结果评价等。

（2）乡村振兴水平的评价

构建乡村振兴发展水平的评价体系，适时开展发展水平综合评价具有重要的现实意义[13]。对乡村振兴发展水平进行科学评价能为脱贫攻坚成果与乡村振兴战略的有效衔接提供科学的数据支撑，在进一步巩固脱贫攻坚成果的同时，向全面推进乡村振兴平稳过渡，通过直观量化的数据展现过渡过程，帮助发现乡村发展的薄弱点[14]。从以往研究来看，学者们主要采用综合评价法，通过构建多指标评价体系来评价乡村振兴发展水平。

首先，乡村振兴的评价对象可以分为以下四个方面：第一，从国家层面整体评价乡村振兴发展水平[15][16]。此类研究主要集中在乡村振兴战略提出初期，当时缺乏一整套较完整的乡村振兴发展水平评价方法，学者们重点关注对政策的解读以及从国家层面构建乡村振兴发展水平评价体系。第二，从省域层面研究乡村振兴发展水平。主要分为对单一省份的乡村振兴发展水平进行研究和对多省份乡村振兴发展水平进行比较研究两类。对单一省份乡村振兴发展水平的评价重点在于结合地域发展基础、特色优势，提出具有地域适应性的评价指标体系，少数文献进行了实证研究，主要包括河南[17]、浙江[18]、云南[19]、江苏[20]等省份。在多省份对比上，王磊玲等[21]对我国 31 个省份的乡村振兴发展水平进行了对比研究，还有学者以东[22]、中[23]、西[24]以及长江经济带[25]各省市的乡村振兴评价指标数据为基础，分别研究了这些区域乡村振兴的现状。第三，分市县进行乡村振兴发展水平评价研究。如对福建[26]、湖南[27]、四川[28]、甘肃[29]等所辖的部分县市的乡村振兴发展水平进行了比较研究，吴九兴以 331 个地级行政区为研究对象[30]。第四，分村域尺度。较少学者以具体的村庄为研究对象[31]，绝大多数学者是选取多个村庄并对其乡村振兴发展水平进行比较研究，以探索村庄发展特色和可借鉴的经验[32]。其次，从乡村振兴发展水平评价体系构建来看，主要思路是紧密围绕"二十字"总要求进行指标体系构建，即"产业兴旺、生态宜居、乡风文明、治理有效、生活富裕"五个维度来构建评价指标体系。最后，构建合适的评价体系后，需选择合适的评价方法对乡村振兴水平进行测度。从评价方法的主客观性来看，主要分为主观评价法、客观评价法以及主客观相结合的综合评价法。将两种或两种以上的客观赋权法结合，用于优化指标赋权和综合评价模型的方式较为常见，如刘七军等将熵值法和 TOPSIS 法相结合，运用熵值法赋予各测度指标权重，运用 TOPSIS 法测度乡村振兴水平[33]。

（3）影响乡村振兴水平的因素

学者们从不同角度探究乡村振兴的影响因素，国外学者德诺伊（Dernoi）[34]和汉尼根（Hannigan）[35]认为，人才流失极大阻碍了乡村经济发展，而乡村旅游业却对其有极大的促进作用。根据盖尔（Gale）的观点，农村人口构成是影响乡村发展的另一个重要因素，为促进乡村发展，可以制定具有吸引力的激励政策，以增加乡村年轻人的总体人数，有助于推动乡村的进一步发展[36]。吴素芳对西部欠发达地区的乡村振兴水平进行了研究，发现人才问题是影响西部地区乡村振兴的主要原因，人才短缺导致农村难题出现[37]。廖柳文等以人口老龄化为切入点，指出人口老龄化将在多个方面影响乡村，包括生产、生活和生态[38]；涂丽等发现城镇化建设对乡村发展水平产生了积极的推动作用[39]；蔡兴、熊正德等的研究关注了金融发展与乡村振兴水平之间的关系，金融发展能推动乡村振兴水平提升[40,41]。

2.2.2　农产品流通相关研究

（1）理论探讨方面

目前，许多专家学者对农产品流通产业展开一系列理论研究。1901 年，克罗威尔（Crowell J. F.）[42]首次提出农产品物流这一概念，并对农产品供应链中影响分销成本的因素进行理论描述。随着农产品流通产业的发展，之后的学者开始从农产品流通产业各个细分角度进行分析，其国外学者主要从农产品流通体制[43]、农产品流通效率[44]以及农产品流通渠道[45]等方面展开研究，卡尔（Carl）总结前人文献后认为，未来农产品产业发展应特别关注消费者偏好、隐性成本、生产技术和市场结构[46]。国内学者则立足我国农产品流通产业自身实践特点，对优化农产品流通产业进行理论探讨，于海龙等从农产品流通模式出发，认为当前农产品流通产业受限于批发市场模式，应逐步引进各类短链模式，解决效率低、损耗大问题[47]。孟秋菊等从组织整合角度出发，认为将分散的小农户衔接进农业大市场，将有助于农产品流通顺畅化[48]。肖文金[49]、王昕天等[5]、张喜才[50]则从社会风险视角出发，详细阐述农产品流通受重大突发事件影响后，所展现出的效率低和抗风险能力不足现象，并提出未来要加快建设应急物流、推进流通体系数字化转型。此外，在"双碳"政策背景下，学者们的研究视角也拓展到农产品流通的绿色化转型，李英等[51]和王静等[52]分别就农产品流通全产业链绿色化转型以及数字化赋能绿色农产品流通效率展开理论探索。郑鹏等[53]指出，实现农产品流通现代化主要有两条路径：一是分散小农如何加入流通大市场，以改变农户的弱势地位，提升流通规模；二是推动农产品区域流通现代化，改善市场分割问题。涂洪波[54]通过分析前人研究结论，列举出农产品流通业连锁经营比重、农产品流通业壁垒程度等 11 个农产品流通现代化评价标准。齐艳等[55]分析对比国内与东亚、西欧、北美农产品流通模式的差异，并提出提升生产集中度、建设一体化流通环节以及加强基础设施建设的建议和启示。

（2）主体行为方面

农产品流通涵盖农户、供应商以及零售商等不同主体，这些主体之间的博弈行为与策略选择会影响农产品流通产业发展。詹森（Jensen）等从食品安全角度阐述供应链网络化对提升食品安全及供应链运作效率的作用[56]。古普塔（Gupta）等从政策制定者视角出发，对农业市场数据进行建模分析，认为农产品市场一体化整合策略能提升社会整体福利[57]。另外，还有从供应商路径选择[58]、区块链运用[59]等方面进行的研究。国内学者主要分为两种思路，第一类是从供应链协调角度出发，构建契约模型，以求得农产品供应链整体利润最大化。如冯颖等构建契约模型，分析农产品零售商主导、第三方物流服务提供商参与下的农产品供应链协调问题，认为第三方物流服务提供商在引入物流服务价格出清合同后，能实现农产品供应链流通效率最大化[60]。兰建义等站在农产品供应链企业视角，分析认为企业积极承担社会责任，能刺激消费者的农产品需求，提升供应链整体效能[61]。另一类则以农产品流通产业中不同主体之间的博弈为基础，探究主体策略选择对农产品流通产业发展的影响，如李晔等基于演化博弈模型探究消费者与零售商之间的动态博弈，发现政府补贴与消费者满意度能提升冷链物流的使用率，进而减少农产品流通损耗[62]。李春发等借助 Stackelberg 博弈与演化博弈模型分析农产品电商冷链物流模式选择问题，以此促进物流成本的降低与效率的提升[63]。

（3）评价测度方面

在评价测度方面，主要集中于农产品流通效率和农产品流通现代化的分析。

①农产品流通效率的分析。

测度方法的选择与评价指标体系构建是准确测度流通效率的基础。过往研究，有关效率测度方法的选择主要呈现"财务指标—随机前沿分析法—数据包络分析法"三者交替演进的态势。首先，使用财务指标来衡量流通效率的时间较早，可以追溯到 1977 年斯特恩（Stern）等设计涉及资产流动性、投资回报率以及利润率等指标，用于测度农产品流通效率[64]。之后，库马尔（Kumar）跟踪调查了印度北方地区种植鹰嘴豆的农户以及中间商，并通过价差法衡量鹰嘴豆流通效率[65]。国内学者王少芬也采用农产品流通利润率等财务指标来衡量生鲜农产品的物流效率，并利用主成分分析和模糊综合评价法作进一步分析[66]。

与用财务指标衡量效率不同的是，随机前沿分析法（SFA）通过构建随机前沿面，设定生产函数进行效率评价[67][68]，欧阳小迅等以农产品流通量、农产品资本存量及流通相关从业人员作为指标，来构建生产前沿面函数模型，运用随机前沿分析法（SFA）测算我国 28 个省份的农产品流通效率[69]。徐丹丹等构建涵盖主营业务收入、劳动力投入、资本投入量等指标的评价体系，运用随机前沿分析法（SFA）研究京津冀地区的农产品批发市场技术效率，并得出京津冀三地的技术效率水平差异显著这一结论[70]。罗国良在探究农产品流通效率与空间集聚水平之间的关系时，也运用随机前沿分析法（SFA）来分析全国农产品流通效率[71]。

近几年，运用基于运筹学对偶理论的数据包络法，通过构建投入产出评价指标体系来研究农产品流通效率的研究较多。国内学者进行了诸多有益探索，何小洲等从投入产出角度构建包含电子商务指标的评价指标体系，运用 DEA - BCC 模型和 Malmquist 指数来测度农产品流通效率[72]。吕建兴等构建批发、零售两大环节的评价指标体系，并利用两阶段 BCC - DEA 模型和 DEA 窗口进行分析[73]。杨维琼等利用主成分分析提取投入产出指标，再利用 DEA - Malmquist 指数法分析京津冀农产品流通效率[74]。国外学者加西亚（Garcia）基于 DEA - VRS 模型对巴西大豆出口运输效率进行测度，最后提出有效提高运输效率的策略[75]。沙普特里（Saputri）利用 DEA 模型对印度尼西亚非转基因水稻和转基因水稻流通效率进行对比研究，发现非转基因水稻的流通效率要优于转基因水稻[76]。安德里亚（Andréa）等同时考虑了与经济、环境和社会绩效相关的多个指标，并利用 DEA 测度分析巴西大豆的出口运输效率[77]。

还有很多学者在传统效率测量方法上进行了创新，如王春豪等[78]在分析西部地区现代流通业效率时，借鉴弗莱德（Fried）[79]的研究成果，运用三阶段 DEA 模型来消除外部环境和随机扰动项，得到更加准确的效率评价结果；赵凯旭等应用 Super - SBM 模型，考虑投入和产出松弛，避免传统 DEA 的效率值高估问题[80]。赵林等采用考虑非期望产出的 Super - EBM 模型，将环境污染物列为非期望产出，进而测度我国绿色经济效率[81]。上述文献所涉及的效率研究视角还鲜有运用到农产品流通效率的研究中，但这些成果为进一步研究农产品流通效率提供了新的视角和思路。

②农产品流通现代化的分析。

涂洪波[82]和王伟新[83]等分别构建指标体系，用于评价农产品流通现代化水平，在此基础上，周丹等对全国 30 个省市农产品流通现代化水平进行测度，并提出针对性的提升对策建议[84]。赵博则进一步探究农产品流通现代化与农产品价格之间的耦合关系[85]。曾庆均等分析数字经济发展对农产品流通现代化的影响效应，并指出区域创新能力是两者间的中介变量[86]。李等在实地调查基础上，研究农地规模经营对农产品流通现代化的影响，并指出要重视农业与农产品流通业的协同发展[87]。可见，农产品流通现代化具有其内在特征，多数研究指出提高产业规模、降低流通壁垒对农产品流通现代化的重要性，值得进一步研究。

农业与物流业协调发展是农产品流通现代化的驱动力，已有学者对其展开深入研究。早在 1992 年刘海飞就指出，发展农产品物流是促进农业发展、盘活流通体系的前提条件之一[88]。之后，有学者从理论层面对其重要性进行探讨。祁峰等认为优化农产品供应链，需减少周转环节、拓宽生产规模、提升农产品品质以及供应链效率，这对促进农村经济具有重要意义[89]。王海南等则指出后疫情时代生鲜农产品供应链潜在的风险，并提出协调生产、流通以及消费的优化策略[90]。黎红梅等认为农村建设高效的物流体系，能推动物流多样化发展，并为物流与农村新业态融合创造条件，以此带动农村发展[91]。为了更好地分析农业与物流业协调发展状况，部分学者运用实证模型对协调发展情况进行测度。曾倩琳等基于 VAR 模型与灰色 T 型关联度对农业与物流业融合发展程度进行研究[92]。梁雯等借助耦合模型，测算全国不同地区农业与物流业的协调发展水平[93]。舒辉等基于生态圈协同发展理论，借助耦合模型测算江西省农业、物流业以及环境三个系统间的产业联动发展程度[94]。学者们主要借助耦合模型对协调发展进行测度，为后续进一步分析提供重要参考。

（4）影响因素方面

已有文献针对影响农产品流通效率的因素虽各有侧重，但大体可划分为多因素和单一因素两种研究视角。

在分析多个不同因素对农产品流通的影响时，多数学者站在农产品流通运行过程与运作机制角度，来选取合适的影响因素。陈淑祥从社会再生产角度分析，认为影响农产品流通的因素较多，可以选取流通过程的环节以及流通中所涉及的管理、信息、市场等因素进行分析[95]。吴舒等从蔬菜的供给、需求以及流通成本三个角度分析其对我国蔬菜的流通影响情况[96]。金赛美认为可以从流通环境、流通主体、流通客体和流通载体四个方面对农产品流通效率的影响因素进行分析[97]。李丽等构建涵盖流通主体、流通载体、流通环境三类的 7 个影响因素，并运用典型相关分析方法分析其对农产品流通体系效率的影响情况[98]。卢德娴等从技术、规模、政策以及社会因素中选取影响因素，并借助多元回归分析法进行分析[99]。叶庆媛等将影响大豆流通的因素分为流通速度、流通效益、流通规模以及流通设施四个方面，通过主成分分析法以及凯撒正态化的最大方差法来分析大豆流通影响因素[100]。

在分析特定因素方面，阿达纳西奥格鲁（Adanacioglu）只专注于人口特征这一个因素，研究其对种植者在樱桃销售中选择直接销售渠道的趋势影响[101]。法德赫尔（Fadhel）等认为农产品物流配送中心的位置与数量通过影响物流成本及损耗，进而影响物流效率[102]。吉安纳基斯（Giannakis）等研究欧洲地区农业生产效率，强调了协调农村发展政策和区域政策对于农村发展的重要性[103]。坎布尔（Kamble）等认为"农超对接"能加速物资、信息等流动，最终改善流通效率[104]。董千里等研究流通节点城市对物流生产效率的影响，并得出城市政策的颁布对效率有显著促进作用，这种影响具有区域异质性[105]。郝爱民[106]、曾庆均等[86]、廉永生等[107]则分别探讨数字经济对流通体系的影响情况，都认为充分利用数字信息技术手段是推动中国农业现代化进程的关键。万长松[108]从流通视角出发，探讨政府补贴对流通企业效率的影响情况，并认为企业履行社会责任在这个过程中起到一定的中介与调节效应。

2.2.3　乡村振兴与农产品流通的关系研究

农产品流通产业对乡村振兴具有重要的现实意义，许多学者对其进行了深入剖析。有学者指出乡村振兴需要产业兴旺来驱动，而产业兴旺的重点在于激发要素流动活力[109]，同时要打通城乡循环的主动脉，畅通城乡经济循环[110]。农村现代供应链的构建，为促进城乡区域循环发挥桥梁纽带作用[111]，并且推进农村流通现代化建设，有助于增加农民收入、解决"三农"建设中的问题[112]，其中农产品流通产业的发展是实施乡村振兴战略的关键[113]。但农产品流通产业的建设中还存在诸如组织化程度低[114]、小农户与大市场衔接不当[115]、信息化水平低[116][117]以及流通成本高、效率低[118]等问题。目前，不同学者立足流通智慧化转型[119][120][121]、人口城镇化[122][123]、劳动力市场[124][125]、市场营销[126][127]以及制度环境[128]等角度，对流通产业发展路径展开研究，为本书的后续研究提供了理论基础。

2.2.4　文献评述

综上所述，国内在乡村振兴水平评价及乡村振兴水平影响方面的研究取得了较多的成果，现有研究主要从乡村振兴战略的含义、乡村振兴水平的评价以及影响乡村振兴水平的因素三个方面展开研究，随着研究的不断深入，学者们构建指标体系更加科学和全面，评价方法也逐渐创新和多元化；同时有关农产品流通方面的研究也取得丰硕成果，国内外学者从理论、行为、评价、影响因素四个方面做出积极探索，为后续研究打下坚实基础；而高效的农产品流通效率对助力乡村振兴战略实施具有重要作用，通过不断提高农产品流通效率，可显著促进农村产业、生态等各个层面的发展，但针对湖北省的研究有待补充。

因此，还有以下几点值得继续挖掘研究：（1）湖北省作为长江经济带省份之一，其农产品流通产业地位尤为重要，现有研究对湖北省农产品流通效率的分析还略显不足，特别是对湖北省内城市农产品流通产业发展的研究还有待充实；（2）对湖北省农产品流通效率的分析视角，常作为中部的重要省份与全国其他省份进行对比分析，而立足长江经济带，分析湖北省农产品流通产业在长江经济带11省份中的地位还有待完善；（3）分析湖北省各城市农产品流通产业发展现状，特别是各城市农产品流通效率现状的分析，有助于研究当前湖北省农产品流通效率的薄弱点，提出更具针对性的政策建议，本书将从城市视角探究湖北省 12 个地级市的农产品流通效率现状，为湖北省提升农产品流通效率提供实证经验；（4）农产品流通效率与乡村振兴之间有内在的联系和作用机理，本书将重点分析两者之间的内在联系，并以湖北省 12 个地级市为分析对象，进行实证检验；（5）常用计量经济学中 Y 与 X 二元或多元回归方法来分析影响因素，因单向线性关系而忽略不同影响因素之间的内在联系，存在较大局限性，本书将借助 QCA 法，从组态视角分析多个影响因素对农产品流通效率的作用机制，研究影响因素之间的组合、替换和抑制如何影响农产品流通效率；（6）通过 QCA 法，可以分析所选因素中的关键影响因素，并以此进行回归分析，保障单一影响因素选择的科学和合理性，并以关键影响因素的促进作用，带动农产品流通效率提升；（7）农产品流通效率的提升还与农产品供应链成员的决策有关，特别是在农产品流通的"第一公里"尤为重要，为此将借助演化博弈模型，分析农产品产地与农产品第三方物流服务提供商之间的策略选择情况，为研究提升农产品流通效率开拓新视角。

第3章

农业与物流业协调发展对农产品流通现代化的影响研究

　　为全面建设社会主义现代化国家，党的二十大报告就建设现代化产业体系作出重大决策部署。其中，农产品流通产业体系也需向现代化方向转变。农产品流通产业体系一头连接生产，关系着农业和农村发展；另一头与消费衔接，与民计民生息息相关。建设现代化的农产品流通体系，保障农产品流通体系的高效与顺畅，有助于推动农业现代化，降低供需错配梗阻。然而，建设农产品流通现代化是一项复杂、系统的工程，需要相关产业的配套支持。《中共中央、国务院关于做好2022年全面推进乡村振兴重点工作的意见》提出要持续推进农村产业融合发展，推进县乡村物流建设。物流业是面向农业的生产性服务业，农业与物流业（下文简称"两产业"）协调发展对于加强和改善农产品供给、扩大农民就业、拓宽农产品服务消费以及促进农产品流通现代化具有重要战略意义。

　　因此，本章在理论探讨的基础上，重点探究以下几个方面：

　　（1）测度2011～2020年全国30个省区市（不包含港澳台地区和西藏自治区）农产品流通现代化水平以及"两产业"协调发展程度，并对不同区域的发展特征作分析。

（2）借助计量模型探究"两产业"协调发展对农产品流通现代化的影响效应，并从农产品流通产业规模、农产品市场一体化和创新力培育三个角度梳理"两产业"协调发展对农产品流通现代化的内在作用渠道，对已有研究视角进行补充。

（3）进一步从农业和物流业发展水平异质性角度出发，探讨"两产业"协调发展对农产品流通现代化的作用机制，以期为提升农产品流通现代化水平提供新的证据。

3.1　理论分析与假设

农业与物流业是第一、第三产业的重要组成部分。一方面，农业的发展为物流业向农村地区延伸提供基础，拓展了物流业的发展空间，丰富了物流业的内涵；另一方面，随着消费者对农产品新鲜度、安全性的高要求，促使物流业需提升标准化与运作效率。与此同时，物流业的发展能够推动农业要素跨区域转移，有利于增强农产品竞争力、拉动农业农村经济增长以及促进农民增收，从而推进我国农业现代化进程[129]。其次，"两产业"协调发展，稳定了农产品供需平衡，为农产品流通现代化建设提供强力支撑。从纵向看，"两产业"协调发展可以减少冗余的流通环节、降低农产品流通时间、提升流通效率；从横向看，"两产业"协调发展能够延伸农产品流通产业链，同时扩大流通规模[82]。基于此，本章提出假设 1。

假设 1："两产业"协调发展能够提升农产品流通现代化水平。

农产品流通现代化是涵盖流通规模、组织、效率以及设施等全方面的现代化，最终目的是实现农产品流通产业规模与效益的现代化[82]。"两产业"协调发展使得产业链得以延长和增值，打破原有的地区空间限制，并为松散的"小农户"融入"大市场"提供多样化的方式。农业物流、农产品电子商务以及数字经济等模式的发展，为"小农户"以现代化的方式进入加工、流通、储运、消费市场提供保障[130]，更大程度地扩展农产品流通产业规模。基于此，本章提出假设2。

假设2："两产业"协调发展能够提升流通产业规模，更好地推动农产品流通现代化。

农产品流通现代化的一个显著特征是农产品要素能在流通体系中快速流转，以满足资源配置需求。为实现农产品跨地区、高效率地转移，需打通流通市场阻隔、破除交易壁垒，营造市场分割程度小、一体化水平高的现代化流通体系。而区域要素市场封锁与错配是影响农产品市场整合的重要诱因[131]，流通渠道过长、流通组织散乱、流通成本高是加剧农产品市场分割的关键。"两产业"之间的协调发展，能拉动农产品跨区域转移，并且农产品仓储、冷链、运输配套设施以及物流枢纽网络的建设，能推动市场跨区域流通与整合[132]。基于此，本章提出假设3。

假设3："两产业"协调发展能够促进农产品市场一体化，更好地推动农产品流通现代化。

创新是引领经济社会发展的第一动力[133]，技术变革与创新催生流通新业态的发展[134]。借助人才、知识、技术、管理和组织形式等创新要素[135]，能重构农产品流通体系，促进农产品流通体系现代化发展，创造出新的发展优势。"两产业"之间的协调发展推动农业与物流业的产业联动，这种联动会通过知识、技能和专业的整合互补[136]，更好地提升不同产业之间要素的交叉融合程度，激发产业内部与产业之间的研发创新活力、动力以及合力，从而为"两产业"发展和创新培育提供契机。基于此，本章提出假设4。

假设4："两产业"协调发展能够培育创新力，更好地推动农产品流通现代化。

"两产业"之间协调耦合与联动发展是一种相互影响、相互推动的动态关系。"两产业"各自发展水平的高低会影响到两者协调发展程度，进而影响到农产品流通现代化水平。首先，在农业发展水平较低的地区，农业产业链形成速度较慢，农业生产、销售规模化水平欠缺，农产品生产、加工企业等流通主体发展也会受影响，从而限制农产品进入流通大市场。因此，"两产业"

协调发展对农产品流通现代化促进作用会有所下降，甚至会抑制农产品流通现代化的整体水平。其次，在物流业发展水平较低的地区，会出现物流基础设施相对较弱、流通方式落后以及物流技术不完善等问题，难以促进"两产业"的融合，从而无法带动农产品进入流通体系，因此在物流发展水平高的地区，"两产业"协调发展将更有利于建设农产品流通现代化。基于此，本章提出假设5。

假设5："两产业"协调发展对农产品流通现代化水平的影响存在异质性，这种异质性体现在农业、物流业发展水平的差异上。

"两产业"协调发展对农产品流通现代化影响机理如图3-1所示。

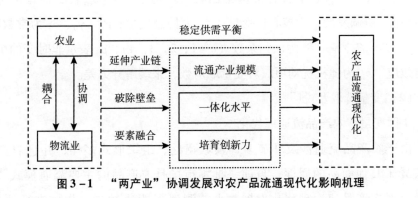

图3-1 "两产业"协调发展对农产品流通现代化影响机理

3.2 研究设计

（1）模型构建

基于3.1理论分析，本章构建面板数据个体单因素固定效应（FE）基准模型，来考察"两产业"协调发展对农产品流通现代化的促进作用：

$$\ln Agri_{i,t} = \alpha_0 + \alpha_1 \ln Co_{i,t} + \alpha_c \ln Z_{i,t} + \mu_i + \varepsilon_{i,t} \qquad (3-1)$$

其中，$Agri_{i,t}$ 表示全国30个省区市（不包含港澳台地区和西藏自治区）每年农产品流通现代化的发展水平，为基准模型的因变量；$Co_{i,t}$ 表示全国30个省区市（不包含港澳台地区和西藏自治区）每年"两产业"协调发展，为核心自变量；$Z_{i,t}$ 为控制变量；α_0 为常数项，α_1、α_c 为回归系数（$c = 1$，2，3，4），μ_i 表示非时变的个体固定效应，$\varepsilon_{i,t}$ 为随机扰动项。对变量取对数，来缓解异方差。

为检验"两产业"协调发展对农产品流通现代化的作用渠道，参考江艇的研究[137]，构建如下模型：

$$\ln Sca_{i,t} = \beta_0 + \beta_1 \ln Co_{i,t} + \beta_c \ln Z_{i,t} + \mu_i + \varepsilon_{i,t} \tag{3-2}$$

$$\ln Inte_{i,t} = \gamma_0 + \gamma_1 \ln Co_{i,t} + \gamma_c \ln Z_{i,t} + \mu_i + \varepsilon_{i,t} \tag{3-3}$$

$$\ln Inno_{i,t} = \delta_0 + \delta_1 \ln Co_{i,t} + \delta_c \ln Z_{i,t} + \mu_i + \varepsilon_{i,t} \tag{3-4}$$

其中，$Sca_{i,t}$ 表示各省市每年流通产业规模；$Inte_{i,t}$ 表示各省市每年农产品市场一体化水平；$Inno_{i,t}$ 表示各省市每年创新力培育水平；$Co_{i,t}$ 表示各省市每年"两产业"协调发展，为核心自变量；$Z_{i,t}$ 为控制变量；β_0、γ_0、δ_0 为常数项，β_1、γ_1、δ_1、β_c、γ_c、δ_c 为回归系数（$c = 1$，2，3，4），μ_i 表示非时变的个体固定效应，$\varepsilon_{i,t}$ 为随机扰动项。对变量取对数，来缓解异方差。

（2）变量选取及说明

①因变量：农产品流通现代化。

由于农产品流通涉及环节多、领域宽泛、组织形式多样，并且农产品有着异于其他商品的属性。目前，批零市场是农产品的主要流通模式[47]，因此，对农产品流通现代化发展水平的测度不能通过单一指标进行评估。基于此，本章在借鉴相关学者研究的基础上[82~84][86]，考虑到数据可得性与完整性，从批零角度出发，构建涵盖流通组织、流通规模、流通效率、流通贡献以及流通设施的评价指标体系（见表3-1）。借鉴熊国经等[138]的研究，运用结合因子分析的熵权——TOPSIS法对农产品流通现代化的发展水平进行测度。为保障研究的准确性，在稳健性分析中，单独采用熵权法对农产品流通现代化的发展水平进行评价，以此作为新的因变量进行模型分析。

表 3 - 1　　　　　　　　　农产品流通现代化水平评价指标体系及权重

评价指标	一级指标	二级指标	指标计算方式	指标属性	权重
农产品流通组织及规模现代化	流通组织	连锁经营销售额	连锁零售企业商品销售总额×（地区农业 GDP/地区 GDP）	正向	0.048
		农民合作经济组织程度	农民专业合作社数量	正向	0.045
		电子商务交易额	电子商务销售额×（地区农业 GDP/地区 GDP）	正向	0.047
		流通业集中化程度	亿元以上商品交易批发和零售市场成交额×（地区农业 GDP/地区 GDP）	正向	0.042
	流通规模	人均流通业销售额	限额以上农产品批发及零售企业销售额/年末人口数量	正向	0.040
		流通业资本规模	限额以上农产品批发及零售企业固定资产总额/限额以上批发及零售企业固定资产总额	正向	0.090
		流通业集中化程度	限额以上农产品批发及零售企业销售额/限额以上批发及零售企业销售额	正向	0.097
农产品流通效率及贡献现代化	流通效率	流通业总资产周转率	限额以上农产品批发及零售企业主营业务收入/限额以上农产品批发及零售企业平均总资产	正向	0.047
		流通业总资产报酬率	限额以上农产品批发及零售企业主营业务利润/限额以上农产品批发及零售企业平均总资产	正向	0.049
		流通业存货周转率	限额以上农产品批发及零售企业主营业务成本/限额以上农产品批发及零售企业期末商品库存	正向	0.052
		流通业利润率	限额以上农产品批发及零售企业主营业务利润/限额以上农产品批发及零售企业主营业务收入	正向	0.049
		流通业流通费用率	限额以上农产品批发及零售企业费用总和（销售＋管理＋财务）/限额以上农产品批发及零售企业主营业务收入	负向	0.028
	流通贡献	流通业收入贡献	限额以上农产品批发及零售企业主营业务收入/限额以上批发及零售企业主营业务收入	正向	0.060
		流通业税收贡献	限额以上农产品批发及零售企业主营业务税金/限额以上批发及零售企业主营业务税金	正向	0.098
		流通业就业贡献	限额以上农产品批发及零售企业从业人数/限额以上批发及零售企业从业人数	正向	0.088

评价指标	一级指标	二级指标	指标计算方式	指标属性	权重
农产品流通设施现代化	流通设施	流通里程强度	公路、铁路与内河运输总里程与地区土地总面积之比	正向	0.040
		信息化强度	各省长途光缆线路长度/各省土地面积	正向	0.045
		互联网普及率	互联网宽带接入用户/常住人口	正向	0.036

②核心自变量:"两产业"协调发展。

耦合协调度模型常用于测度不同产业之间的协调发展程度,通过测度不同产业间的复合系统协调度,能有效反映多个产业之间的联动发展程度。参考梁雯等[93]、舒辉等[94]的研究,本章从投入、产出、发展规模以及成长潜力四个方面构建农业与物流业子系统的评价指标(见表3-2),并通过耦合协调度模型计算出"两产业"协调发展程度。

表3-2   "两产业"协调发展评价指标体系及权重

产业	一级指标	二级指标	单位	权重
物流业	投入水平	物流业从业人员	万人	0.121
		物流业固定资产投资额	亿元	0.121
	发展规模	公路营运载货汽车拥有量	万辆	0.121
		农村投递线路	千米	0.120
	产出水平	货物周转量	亿吨千米	0.131
		邮电业务总量	亿元	0.140
		货运量	万吨	0.122
	成长潜力	物流业增加值	亿元	0.123
农业	投入水平	农业机械总动力	万千瓦	0.128
		农用化肥施用量	万吨	0.126
	发展规模	农作物总播种面积	千公顷	0.124
		有效灌溉面积	千公顷	0.127
	产出水平	农业总产值	亿元	0.124

续表

产业	一级指标	二级指标	单位	权重
农业	产出水平	粮食产量	万吨	0.128
	成长潜力	人均可支配收入	元	0.122
		人均消费支出	元	0.121

③作用渠道变量。

根据研究假设,本章选取流通产业规模、农产品市场一体化水平以及创新力培育三个指标作为"两产业"协调发展影响农产品流通现代化的作用渠道。首先,借鉴陈宇峰等[139]的方法,采用地方社会消费品零售总额占地方GDP 的比重来衡量流通产业规模;其次,用农产品市场分割指数的倒数来衡量农产品市场一体化水平,农产品市场分割指数选取粮食、蛋、水产品、菜和干鲜瓜果五类农产品的价格指数(其余农产品价格指数数据不完整,故不纳入),参照桂琦寒等[140]的研究,基于相对价格法计算得出;最后,参考钟文等[141]的研究,用地方人均发明专利申请授权量反映创新力培育水平。

④其他控制变量。

参考龚雪等[142]的研究,选取以下变量对模型进行控制:

——政策支持,用地区财政一般预算支出/地方 GDP 来衡量。

——农业经济贡献,用地方农业 GDP/地方 GDP 来衡量。

——对外开放水平,用地方进出口总额/地方 GDP 来衡量。

——城市人口密度,用地方城市年末常住人口/城市面积来衡量。

(3)数据来源与描述性统计

指标体系中农产品批发及零售①数据来自 2011～2020 年《中国贸易外经统计年鉴》,农民合作社数据来自 2011～2020 年《中国农村经营管理统计年鉴》,其余数据来自 EPS 数据库及《中国统计年鉴》。使用均值法补齐少量缺失数据,利用对应指数平减涉及价格的指标。报告变量的描述性统计(见

---

① 农产品批发是指农、林、牧、渔产品的批发;农产品零售指食品、饮料及烟草制品的专门零售。

表3-3）。

表3-3		变量描述性统计				
	变量	观测值	极小值	极大值	均值	标准差
因变量	农产品流通现代化（lnAgri）	300	-1.80	-0.67	-1.38	0.23
自变量	"两产业"协调发展（lnCo）	300	-2.21	-0.21	-0.75	0.35
作用渠道变量	流通产业规模（lnSca）	300	-2.09	3.36	-0.026	1.08
	一体化水平（lnInte）	300	-2.62	-0.89	-1.74	0.33
	创新力培育（lnInno）	300	-1.51	-0.51	-0.98	0.18
控制变量	政策支持（lnGov）	300	-2.12	-0.28	-1.41	0.39
	农业经济贡献（lnAgriEco）	300	-4.94	-0.75	-1.98	0.83
	对外开放水平（lnOpen）	300	-4.64	0.33	-1.59	0.93
	城市人口密度（lnUrDen）	300	6.64	8.67	7.89	0.41

3.3　实证分析

3.3.1　特征分析

（1）农产品流通现代化的发展水平特征

使用前文所述方法测度农产品流通现代化的发展水平，绘制全国30个省区市及各区域年均值趋势图（见图3-2）。总体上看，全国30个省区市农产品流通现代化平均水平呈现逐年上升的态势，表明农产品流通现代化的建设工作取得坚实进展。从农产品流通现代化水平的分区域对比来看，中部地区农产品流通现代化水平逐年上升，且年均值远高于其他区域，这可能是山东、河南等农业大省主要分布在中部地区的原因；东部地区分布在全国平均值上下；西部地区农产品流通现代化水平落后于其他区域。

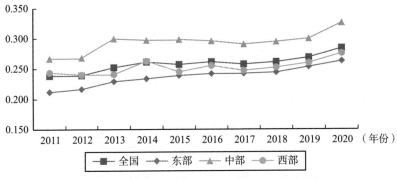

图 3 - 2　农产品流通现代化年平均水平变化趋势

（2）"两产业"协调发展特征

使用耦合协调度模型测度"两产业"协调发展，绘制全国 30 个省区市及各区域年均值趋势图（见图 3 - 3）。从全国层面来看，"两产业"协调发展整体程度相对不高，研究期末（2020 年）还未达到协调发展阶段[①]，但整体上保持增长趋势。从区域间对比来看，东部、中部、西部在研究期间"两产业"协调发展程度变化趋势与全国层面类似，均稳步上升，但都没有进入协调发展阶段，各区域"两产业"协调发展程度的排名情况与农产品流通现代化的发展水平排名一致，为"中部 > 东部 > 西部"。

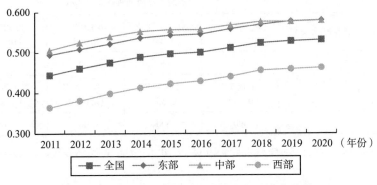

图 3 - 3　农业与物流业协调发展年平均变化趋势

———————————

① 根据协同度评价标准，[0，0.4）为失调阶段，[0.4，0.6）为过渡阶段，[0.6，1）为协调发展阶段。

3.3.2 基准实证结果

（1）基准回归分析

在分析核心因变量农产品流通现代化与核心自变量"两产业"协调发展特征的基础上，选用个体单因素固定效应模型（FE）对全国30个省区市2011~2020年面板数据进行基准回归，并同时报告个体单因素随机效应模型（RE）回归结果（见表3-4）。结果表明自变量"两产业"协调发展对因变量农产品流通现代化具有显著的正向影响，回归系数为0.379。在回归模型中加入控制变量后，回归系数依然显著。其中，加入控制变量后的固定效应模型估计系数为0.227，说明"两产业"协调发展每提升1个单位，农产品流通现代化将提升0.227个单位。固定效应模型（FE）与随机效应模型（RE）回归结果表明假设1成立。

表3-4 基准回归结果

变量	固定效应 （FE）		随机效应 （RE）	
	农产品流通现代化（*Agri*）			
"两产业"协调发展（*Co*）	0.379 *** （0.073）	0.227 *** （0.083）	0.330 *** （0.060）	0.305 *** （0.063）
控制变量	NO	YES	NO	YES
常数项	-1.095 *** （0.055）	-2.453 *** （0.351）	-1.132 *** （0.057）	-2.202 *** （0.323）
观测值	300	300	300	300

注：*、**、***分别对应 $p<0.1$、$p<0.05$、$p<0.01$，YES表示加入控制变量，括号内代表稳健标准误，下文同。

（2）内生性与稳健性讨论

①内生性问题处理。

内生性问题会使模型产生偏误，选用两阶段最小二乘（TSLS）与系统广义矩估计（GMM）模型来缓解内生性问题。首先，借鉴孟彩霞等[143]的研究，选用自变量"两产业"协调发展的滞后一阶为工具变量，利用 TSLS 进行检验（见表 3 - 5）。结果显示，在引入工具变量后，无论是固定效应还是随机效应，自变量"两产业"协调发展对因变量农产品流通现代化都具有显著的正向影响，再次证明假设 1 成立。其次，本章进一步借助系统 GMM 进行检验，系统 GMM 模型在差分 GMM 模型的基础上引入了水平方程，将滞后变量的一阶差分作为水平方程中相应水平变量的工具变量[144]，也能够有效缓解内生性问题。首先对模型进行检验，系统 GMM 第一阶段 AR（1）的 p 值为 0.083 < 0.1，存在一阶自相关；第二阶段 AR（2）的 p 值为 0.195 > 0.1，不存在二阶自相关；Hansen 检验 p 值为 0.134 > 0.1。以上检验结果说明可以使用系统 GMM 进行回归。系统 GMM 模型结果显示（见表 3 - 5）"两产业"协调发展对农产品流通现代化仍具有显著正向影响，再次验证基准回归具有良好稳健性，假设 1 成立。

表 3 - 5　　　　　　　　　　　　内生性与稳健性的回归结果

变量	TSLS（采用固定效应）	TSLS（采用随机效应）	系统 GMM	熵权法测度
	农产品流通现代化（*Agri*）			
"两产业"协调发展（*Co*）	0.304 ***（0.117）	0.354 ***（0.079）	0.268 ***（0.088）	0.602 ***（0.089）
因变量滞后一阶			0.435 **（0.189）	
控制变量	YES	YES	YES	YES
常数项	- 2.598 ***（0.400）	- 2.324 ***（0.351）	- 1.296（1.578）	- 2.334 ***（0.375）
观测值	300	300	300	300

②稳健性检验。

首先，为保障基准回归稳健性，在构建面板数据个体单因素固定效应基准模型的基础上，前文同时报告个体单因素随机效应的模型回归结果，以保障实证分析结果的稳健性。其次，考虑到利用结合因子分析的熵权——TOP-SIS法，对农产品流通现代化发展水平进行评价具有一定缺陷，为保障研究结论的稳健性，采用熵权法对农产品流通现代化水平再次进行评价，并作为新的因变量。采用上述方法进行回归后，结果表明（见表3－5）"两产业"协调发展仍然能够显著促进农产品流通现代化，不改变基准回归结论。

3.4　作用渠道分析

根据3.1理论分析与研究假设，将流通产业规模、农产品市场一体化水平、创新力培育三个变量分别与"两产业"协调发展进行回归分析，并报告固定效应与随机效应模型的回归结果（见表3－6）。首先，从"两产业"协调发展与流通产业规模的回归结果来看，固定效应模型与随机效应模型中"两产业"协调发展对流通产业规模均为显著正向促进作用，回归系数分别为0.616与0.463，假设2得以验证。其次，"两产业"协调发展也能显著促进农产品市场一体化水平，固定效应与随机效应模型回归系数分别为0.958与0.246，与假设3吻合。最后，"两产业"协调发展与创新力培育的回归系数也在1%水平上显著，且固定效应与随机效应模型系数为正值，假设4成立。

表3－6　　　　　　　　　　作用渠道分析的回归结果

变量	固定效应（FE）	随机效应（RE）	固定效应（FE）	随机效应（RE）	固定效应（FE）	随机效应（RE）
	流通产业规模（Sca）		一体化水平（Inte）		创新力培育（Inno）	
"两产业"协调发展（Co）	0.616 ***（0.084）	0.463 ***（0.055）	0.958 ***（0.273）	0.246 ***（0.082）	3.759 ***（0.063）	2.760 ***（0.190）
控制变量	YES	YES	YES	YES	YES	YES
常数项	－1.058 ***（0.355）	－0.998 ***（0.303）	－2.871 ***（1.154）	－1.641 ***（0.455）	1.004（1.033）	0.795（1.017）
观测值	300	300	300	300	300	300

3.5　异质性探讨

计算全国 30 个省区市农业生产总值与地区生产总值间的比重，作为衡量农业发展水平的指标，并根据农业发展水平年均值的中位数，将全国 30 个省区市划分为农业发展水平高低两组，以此进行固定效应模型回归（见表 3 - 7）。首先，在农业发展水平较高的地区，无论是基准模型还是作用渠道分析模型，"两产业"协调发展对农产品流通现代化及作用渠道变量均有显著促进作用，再次验证假设 1 到假设 4。其次，在农业发展水平较低的地区，"两产业"协调发展对农产品流通现代化产生不显著的抑制作用，表明在农业发展水平低的地区，依靠"两产业"协同发展不能很好地促进农产品流通现代化的建设，假设 5 得以验证。值得一提的是，"两产业"协调发展在农业发展水平低的地区，仍然能显著促进流通产业规模发展与创新力培育，而对农产品市场一体化水平的影响，表现出不显著的促进作用，造成这种情况的原因可能是农业发展水平低的地区市场分割程度更严重，"两产业"协调发展对农产品市场一体化水平的拉动作用不足。

表 3 - 7　　　　　　　　基于农业发展水平视角的异质性分析

变量	农业发展水平高				农业发展水平低			
	农产品流通现代化（Agri）	流通产业规模（Sca）	一体化水平（Inte）	创新力培育（Inno）	农产品流通现代化（Agri）	流通产业规模（Sca）	一体化水平（Inte）	创新力培育（Inno）
"两产业"协调发展（Co）	0.459 *** (0.148)	0.546 *** (0.148)	1.020 ** (0.428)	3.822 *** (0.361)	-0.033 (0.091)	0.552 *** (0.089)	0.512 (0.359)	3.304 *** (0.346)
控制变量	YES	YES	YES	YES	YES	YES	YES	YES
常数项	-1.736 *** (0.581)	-1.482 ** (0.584)	-3.069 * (1.683)	3.755 *** (1.419)	-3.987 *** (0.473)	-1.699 *** (0.464)	-6.188 *** (1.873)	-3.427 * (1.804)
观测值	150	150	150	150	150	150	150	150

物流业固定资产投资在一定程度上反映了物流业的发展水平，以全国30个省区市的物流业固定资产投资额作为衡量物流业发展水平的指标，并根据物流业固定资产投资额年均值中位数，将全国30个省区市划分为物流业发展水平高低两组，进行固定效应模型回归（见表3-8）。一方面，"两产业"协调发展在物流业发展水平较高的地区，对农产品流通现代化、流通产业规模、农产品市场一体化水平以及创新力培育均有显著促进作用，与前文回归模型所得结果类似；另一方面，在物流业发展水平较低的地区，"两产业"协调发展对农产品流通现代化的影响出现异质性，回归系数为-0.031，产生不显著的抑制作用，可能由于物流水平不足，难以带动农产品上行，进入流通大市场。从流通产业规模、农产品市场一体化以及创新力培育来看，在物流业发展水平较低的地区，"两产业"协调发展仍然能显著促进它们的发展。通过上述分析，假设5得以验证。

表3-8　　　　　　　　　基于物流业发展水平视角的异质性分析

变量	物流业发展水平高				物流业发展水平低			
	农产品流通现代化（Agri）	流通产业规模（Sca）	一体化水平（Inte）	创新力培育（Inno）	农产品流通现代化（Agri）	流通产业规模（Sca）	一体化水平（Inte）	创新力培育（Inno）
"两产业"协调发展（Co）	0.556 *** (0.110)	0.508 *** (0.111)	0.990 ** (0.454)	5.126 *** (0.343)	-0.031 (0.132)	0.558 *** (0.133)	0.650 * (0.383)	2.632 *** (0.355)
控制变量	YES	YES	YES	YES	YES	YES	YES	YES
常数项	-1.322 ** (0.509)	0.011 (0.514)	-4.095 * (2.100)	1.281 (1.585)	-3.195 *** (0.514)	-1.450 *** (0.519)	-2.590 * (1.496)	-0.196 (1.387)
观测值	150	150	150	150	150	150	150	150

3.6　研究结论

（1）在样本期内，农业与物流业协调发展程度、农产品流通现代化均呈现稳步上升趋势，两者区域排名均为"中部＞东部＞西部"。

（2）农业与物流业协调发展对农产品流通现代化具有显著促进作用，在借助两阶段最小二乘（TSLS）与系统广义矩估计（GMM）来处理内生性问题后，所得结论依然成立，具有稳健性。

（3）农业与物流业协调发展能够通过提升流通产业规模、促进农产品市场一体化以及培育创新力三个途径来促进农产品流通现代化。

（4）从异质性角度进一步探究农业与物流业协调发展对农产品流通现代化的影响情况，发现在农业发展水平较低、物流业发展水平较低的地区这种影响存在异质性。

基于研究结论，提出以下建议：

第一，把产业协调发展作为农产品流通现代化建设的着力点。提升农业与物流业的融合度，把农业与物流业协调发展的动力凝聚到农产品流通现代化的建设上。首先，应加强农村地区"最先一公里"的物流基础设施等"硬件"建设，并提升农村地区电子商务、直播带货等"软件"模式推广，以此把分散农户加入农产品流通体系的"网络"中。其次，要发挥产业协调在农产品市场一体化建设中的作用，减少交易成本，破除农产品流通市场壁垒。最后，还需在不同产业要素交叉融合中，培育农业与物流业复合型人才后备军，切实增强农业与物流业内部创新能力，发挥科技创新对农产品流通现代化建设的驱动作用。

第二，把发展农业产业作为农产品流通现代化建设的基础点。农业作为基础性产业，发展农业产业对促进产业协调以及建设农产品流通现代化有着重要的支撑作用。对于农业发展水平较好的地区，要持续推进农业现代化发展，持续推进农业与其他产业协调发展，以专业性强、标准化高、规模优的农产品供给体系支持农产品流通现代化建设。对于农业发展水平较低的地区，政府部门要扶持农产品相关产业的壮大。在此基础上，还要根据自身情况发展特色农业产业，推进农业产业优化增值。最后，不能忽视农民自身组织化，要发挥好专业合作社以及供销社等主体的组织作用，并进一步优化农产品批零以及农贸市场。

第三，把物流业的发展作为农产品流通现代化建设的支撑点。发挥物流业对农产品流通的支撑作用，一方面，加强物流配送、电子商务等模式在农村地区的应用，并鼓励农产品生产企业引进第三方物流，进一步优化物流设施薄弱环节，以更加专业化、信息化、高效率的物流体系服务农产品生产。另一方面，要面向城镇消费者需求，合理配置农产品生产要素。在政府部门监管下，进一步削弱市场阻隔与行政区划限制，并借助物流体系实现农产品跨区域合理流通，构建农产品流通的统一大市场。

3.7　本章小结

本章将农业与物流业协调、农产品流通现代化、流通产业规模、农产品市场一体化以及培育创新力纳入统一的理论框架，基于 2011～2020 年省际面板数据，借助结合因子分析的熵权——TOPSIS 法和耦合协调度模型对农产品流通现代化水平以及农业与物流业协调发展程度进行测度，同时评估农业与物流业协调发展影响农产品流通现代化的作用渠道和作用机制，得出物流业的发展是农产品流通现代化建设的重要支撑点，要优化农产品流通产业体系，提升农产品流通效率，为后续研究的可行性提供支撑。

第 4 章

长江经济带各省市农产品流通效率评价

　　作为中央实施"三大战略"之一的长江经济带，其农产品的产量在我国农业生产中具有重要地位。2023 年，长江经济带农、林、牧、渔总产值达 61 451.82 亿元，占到全国农、林、牧、渔总产值的 41.80%。长江经济带农业供给端态势良好，但农产品流通不畅的问题仍然十分突出。各地农产品流通不畅、农产品供求不平衡问题以及价格波动问题常有发生。农产品价格的不稳定直接影响农民的收入，为响应国家"三农"政策及乡村振兴的战略要求，促进农民生活条件稳中向好发展，需有效地分析长江经济带各省市的农产品流通效率，有针对性地解决农产品流通中存在的问题。因此，本章将测度长江经济带农产品的流通效率，并重点分析湖北省与长江经济带省区市之间农产品流通效率的发展差异，以期能为长江经济带各省份提升其农产品流通效率，为解决农产品流通不畅问题提供参考。

4.1　长江经济带农产品流通能力水平现状分析

4.1.1　农产品流通能力水平评价指标体系的构建

　　农产品流通能力[145]是指农产品从生产到消费的全过程中所涉及的组织、技术、设施、人力和物力资源等，以及这些资源的组合、运用和协调等方面所体现的能力。可进一步将农产品流通能力分为流通组织、流通规模、流通效率、流通贡献以及流通设施五个方面，如图4-1所示。

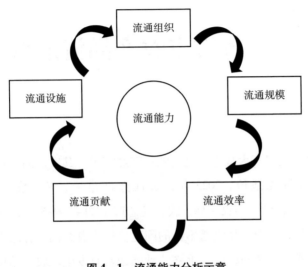

图4-1 流通能力分析示意

流通能力五个方面的具体分析如下：

（1）农产品流通组织是指整个农产品流通过程中的各种形式的组织体系，主要包括传统的集贸市场、超市、电商平台、直播带货和农产品专业合作社等。流通组织的结构和运行方式，对于农产品的价格、质量、安全等方面都有重要的影响。研究和改进农产品流通组织，可以有效地促进农产品流通效率和质量的提高，增强农产品的市场竞争力。

（2）农产品流通规模是指农产品从生产到消费的整个流通过程中所涉及的数量和规模。农产品流通规模越大，可以更好地满足市场需求，促进农业生产和农民收入的提高，进一步促进农村经济的发展。同时，流通规模的扩大也需要合理的流通组织和科学的流通管理，以确保农产品的质量和安全。

（3）农产品流通效率是指农产品从生产到消费过程中各个环节的效率。流通效率高，能够有效地降低农产品的流通成本，提高农产品的市场竞争力。同时，流通效率的提高也需要流通组织和流通管理等方面的不断优化，包括物流、信息流和资金流等方面的协调和整合。

（4）农产品流通贡献是指农产品流通对经济和社会的贡献。农产品流通能够有效地促进农业生产和农村经济的发展，增加就业机会，提高消费者的生活水平，增加政府的税收收入，促进地方经济的发展等。同时，流通贡献的实现也需要流通组织和流通管理等方面的不断改进和创新，以适应不同的市场需求和社会环境。

（5）农产品流通设施是指农产品在流通过程中所需的各种设施和技术手段。优质、高效的流通设施可以提高农产品流通效率和质量，降低流通成本，从而提高农产品的市场竞争力。

综上所述，通过对农产品流通能力的分析，可以分层探究当前农产品流通能力发展水平现状，发现长江经济带农产品流通能力水平发展短板以及限制长江经济带农产品流通能力水平发展的障碍因子。

因此，本章主要从流通组织、流通规模、流通效率、流通贡献以及流通设施五个方面出发，在借鉴相关学者研究的基础上[82~84][86]，构建了长江经济带农产品流通能力水平评价指标体系（见表 4-1），用于分析当前长江经济带农产品流通能力水平的高低。

表 4-1　　　　　　　长江经济带农产品流通能力水平评价指标体系

一级指标	二级指标	指标计算方式	权重
流通组织 L_1	x_1 连锁经营销售额	连锁零售企业商品销售总额 × （地区农业 GDP/地区 GDP）	0.06
	x_2 农民合作经济组织程度	农民专业合作社数量	0.06
	x_3 流通业集中化程度	亿元以上商品交易批发和零售市场成交额 × （地区农业 GDP/地区 GDP）	0.10
流通规模 L_2	x_4 人均流通业销售额	限额以上农产品批发及零售企业销售额/年末人口数量	0.14
	x_5 流通业资本规模	限额以上农产品批发及零售企业固定资产总额/限额以上批发及零售企业固定资产总额	0.03

续表

一级指标	二级指标	指标计算方式	权重
流通规模 L_2	x_6 流通业销售规模	限额以上农产品批发及零售企业销售额/限额以上批发及零售企业销售额	0.05
流通效率 L_3	x_7 流通业总资产周转率	限额以上农产品批发及零售企业主营业务收入/限额以上农产品批发及零售企业平均总资产	0.03
	x_8 流通业总资产报酬率	限额以上农产品批发及零售企业主营业务利润/限额以上农产品批发及零售企业平均总资产	0.06
	x_9 流通业存货周转率	限额以上农产品批发及零售企业主营业务成本/限额以上农产品批发及零售企业期末商品库存	0.03
流通贡献 L_4	x_{10} 流通业收入贡献	限额以上农产品批发及零售企业主营业务收入/限额以上批发及零售企业主营业务收入	0.05
	x_{11} 流通业税收贡献	限额以上农产品批发及零售企业主营业务税金/限额以上批发及零售企业主营业务税金	0.14
	x_{12} 流通业就业贡献	限额以上农产品批发及零售企业从业人数/限额以上批发及零售企业从业人数	0.03
流通设施 L_5	x_{13} 流通里程强度	公路、铁路与内河运输总里程与地区土地总面积之比	0.05
	x_{14} 信息化强度	各省长途光缆线路长度/各省土地面积	0.10
	x_{15} 互联网普及率	互联网宽带接入用户/常住人口	0.06

其中，流通组织主要包括连锁经营销售额、农民合作经济组织程度、流通业集中化程度三个二级指标，流通规模主要包括人均流通业销售额、流通业资本规模、流通业销售规模三个二级指标，流通效率主要包括流通业总资产周转率、流通业总资产报酬率、流通业存货周转率三个二级指标，流通贡献主要包括流通业收入贡献、流通业税收贡献、流通业就业贡献三个二级指标，流通设施主要包括流通里程强度、信息化强度、互联网普及率三个二级指标。农民专业合作社数量来源于 2011~2021 年《中国农村合作经济统计年报》；流通组织、流通规模、流通效率以及流通贡献数据均来源于 2011~2021 年《中国贸易外经统计年鉴》；流通设施数据来源于 2011~2021 年《中国统计年鉴》。涉及价格和货币的指标，均以 2010 年为基期进行平减。

4.1.2　方法的选择

（1）全局熵权法

熵权法是一种有效的多属性决策分析方法，具有客观、准确、简单、灵活等优点，适用于各种实际决策问题的处理，但熵权法一般用于分析截面数据或者时间序列数据，对于面板数据分析力度不足。因此，本章将熵权法拓展为全局熵权法，先将各年份的数据按照时间顺序排列，再使用传统的熵权法进行评价，在保留熵权法客观赋权的同时又引入全局思想。具体步骤如下：

①用 n 个变量对 t 年内 m 个地区的农产品流通能力水平进行评价，每年的截面数据为 $X^t = (X_{ij})_{m \times n}$，共有 t 年，按照时间顺序从上到下排列，构成一个 $mt \times n$ 的全局评价矩阵，记为：

$$X = (X^1, X^2, \cdots, X^t)'_{mt \times n} = (X_{ij})_{mt \times n} \qquad (4-1)$$

②标准化。本章选取的农产品流通能力水平评价指标均为正向指标，对各二级指标进行标准化处理，为防止结果 0 出现，对数据整体平移 0.0001 个单位。具体的计算公式如下：

$$x'_{ij} = \frac{(x_{ij} - \min x_{ij})}{\max x_{ij} - \min x_{ij}} + 0.0001 \, (1 \leqslant i \leqslant mt, \; 1 \leqslant j \leqslant n) \qquad (4-2)$$

③确定信息熵。

$$H_j = -\frac{1}{\ln mt} \sum_{i=1}^{mt} \frac{x'_{ij}}{\sum_{i=1}^{mt} x'_{ij}} \ln\left(\frac{x'_{ij}}{\sum_{i=1}^{mt} x'_{ij}}\right) (1 \leqslant i \leqslant mt, \; 1 \leqslant j \leqslant n) \qquad (4-3)$$

④确定二级指标权重。

$$W_j = \frac{1 - H_j}{\sum_{j=1}^{n} 1 - H_j} \qquad (4-4)$$

⑤计算综合评价指数。

$$V_i = \sum_{j=1}^{n} W_j \times x'_{ij} \qquad (4-5)$$

（2）障碍度模型

为了分析农产品流通能力水平的短板，在全局熵权法的基础上，本章进一步使用障碍度模型研究各个二级指标在农产品流通能力水平发展过程中的负面影响和偏离度，探讨农产品流通能力水平发展的阻碍因素。具体的计算公式如下：

$$U_{ij} = \frac{W_j \times B_{ij}}{\sum\limits_{j=1}^{n} W_j \times B_{ij}} \quad (1 \leqslant i \leqslant mt, \ 1 \leqslant j \leqslant n) \qquad (4-6)$$

其中，U_{ij} 为第 i（$1 \leqslant i \leqslant mt$）个对象第 j（$1 \leqslant j \leqslant n$）个二级指标的障碍度，$W_j$ 为全局熵权法计算出的二级指标权重，$B_{ij} = 1 - X_{ij}$，X_{ij} 为前文标准化后的数据。将各一级指标所对应的二级指标障碍度分年份相加，可以得到各一级指标障碍度在时间层面上的变化情况。

4.1.3 农产品流通能力水平分析

借助全局熵权法计算出长江经济带各省市农产品流通能力水平得分（见表4-2），长江经济带各省市农产品流通能力得分年均值排名以及农产品流通能力一级指标得分排名（见表4-3）。

表4-2　　　　　　长江经济带各省区市农产品流通能力评分

地区	2011年	2012年	2013年	2014年	2015年	2016年	2017年	2018年	2019年	2020年	2021年
上海	0.27	0.29	0.21	0.28	0.27	0.28	0.30	0.28	0.35	0.40	0.40
江苏	0.35	0.38	0.44	0.45	0.48	0.47	0.47	0.46	0.45	0.44	0.46
浙江	0.19	0.20	0.22	0.22	0.23	0.24	0.23	0.23	0.23	0.24	0.28
安徽	0.18	0.25	0.29	0.32	0.33	0.33	0.31	0.29	0.29	0.32	0.33
江西	0.13	0.14	0.15	0.15	0.18	0.21	0.24	0.26	0.27	0.30	0.30
湖北	0.39	0.39	0.42	0.43	0.40	0.36	0.37	0.38	0.38	0.36	0.38
湖南	0.21	0.22	0.30	0.29	0.30	0.32	0.34	0.35	0.35	0.38	0.38
重庆	0.24	0.20	0.20	0.21	0.24	0.27	0.26	0.25	0.26	0.26	0.28
四川	0.14	0.17	0.19	0.30	0.22	0.24	0.25	0.25	0.29	0.31	0.33
贵州	0.08	0.11	0.10	0.11	0.13	0.15	0.17	0.16	0.19	0.25	0.27
云南	0.14	0.17	0.22	0.28	0.17	0.18	0.22	0.17	0.19	0.21	0.23

表 4-3　　　　长江经济带农产品流通能力及分解得分年均值排名

地区	流通能力	排名	L_1	排名	L_2	排名	L_3	排名	L_4	排名	L_5	排名
江苏	0.44	1	0.16	1	0.06	3	0.04	2	0.06	3	0.11	2
湖北	**0.39**	**2**	**0.08**	**4**	**0.07**	**1**	**0.04**	**5**	**0.13**	**1**	**0.06**	**7**
湖南	0.31	3	0.08	5	0.05	5	0.04	3	0.08	2	0.06	6
上海	0.30	4	0.01	11	0.07	2	0.03	6	0.02	10	0.17	1
安徽	0.29	5	0.09	3	0.05	6	0.04	7	0.06	4	0.07	4
重庆	0.24	6	0.04	8	0.03	9	0.06	1	0.04	8	0.06	5
四川	0.24	7	0.08	6	0.04	8	0.04	4	0.06	5	0.04	10
浙江	0.23	8	0.09	2	0.02	11	0.03	10	0.01	11	0.08	3
江西	0.21	9	0.06	7	0.04	7	0.03	11	0.05	6	0.04	8
云南	0.20	10	0.04	9	0.03	4	0.03	4	0.06	7	0.02	11
贵州	0.16	11	0.03	10	0.03	10	0.03	8	0.04	9	0.04	9

注：$L_1 \sim L_5$ 分别表示流通组织、流通规模、流通效率、流通贡献以及流通设施。

　　根据表 4-3 可知，长江经济带各省区市农产品流通能力得分年均值差距明显，农产品流通能力得分排名前 5 位的分别为江苏、湖北、湖南、上海以及安徽，均来自中下游地区，上游地区农产品流通能力得分则普遍较低。其中位于下游的江苏，流通组织、流通规模、流通效率、流通贡献以及流通设施得分均名列前茅，江苏作为沿海省份，是我国改革开放的先驱，农产品流通产业发展起步较早，流通基础设施水平远高于中上游地区，同时随着农产品流通规模不断壮大、流通组织化程度日益增强，带动了农产品流通效率的提升。而位于中游地区的湖北省，农产品流通能力得分在长江经济带中排名第 2 位，这主要得益于农产品流通规模和流通贡献的增强，近几年湖北省加快建设"一村一品"示范村镇和产值超 10 亿元的产业强镇，通过培育加工园区和农业产业化联合体来推进农产品产业化水平提升，进而带动了全省农产品流通能力，然而湖北农产品流通组织和流通效率能力不足，还有待于进一步提升。

4.1.4 农产品流通能力水平障碍度分析

为了进一步确定长江经济带各省市农产品流通能力发展过程中的阻碍因素，本章利用障碍度模型进行了深入分析（见表4－4）。

表4－4　　　　　　　　长江经济带农产品流通能力水平障碍度

年份	L_1 障碍度	L_2 障碍度	L_3 障碍度	L_4 障碍度	L_5 障碍度
2011	2.31	2.62	1.26	2.38	2.43
2012	2.28	2.63	1.28	2.39	2.42
2013	2.27	2.62	1.27	2.32	2.52
2014	2.33	2.65	1.29	2.21	2.53
2015	2.25	2.60	1.36	2.44	2.35
2016	2.23	2.62	1.35	2.53	2.27
2017	2.22	2.62	1.35	2.63	2.18
2018	2.21	2.63	1.36	2.67	2.13
2019	2.25	2.61	1.38	2.73	2.03
2020	2.25	2.55	1.41	2.82	1.98
2021	2.38	2.51	1.31	2.86	1.93
合计	24.97	28.66	14.62	27.98	24.77
年均增长率	0.28%	－0.41%	0.42%	1.87%	－2.27%

注：$L_1 \sim L_5$ 分别表示流通组织、流通规模、流通效率、流通贡献以及流通设施。

根据表4－4可知，农产品流通能力水平障碍度由高到低依次为流通规模、流通贡献、流通组织、流通效率以及流通设施。

（1）2011～2021年流通规模的障碍度合计为28.66，年均增长率为－0.41%。农产品流通规模是衡量农产品市场化程度和流通能力的重要指标，同时也是上游地区（四川、云南、贵州）农产品流通发展的主要限制因素，但是盲目扩大农产品流通规模也会带来一系列问题，如受市场饱和的影响，扩大流通规模会导致农产品滞销；流通渠道和流通体系的建设跟不上规模的扩大，将导致信息不对称、保鲜不及时等问题的出现。

（2）2011～2021年流通贡献的障碍度合计为27.98，年均增长率为1.87%。流通贡献体现的是农产品流通对整个流通产业的促进能力，流通贡献也是阻碍农产品流通能力提升的一大难点，但流通贡献的提升需要依托流通组织程度、流通规模以及流通效率的升级，很难以提升流通贡献为目标来促进农产品流通能力。

（3）2011～2021年流通组织的障碍度合计为24.97，年均增长率为0.28%。农产品流通组织集中程度的高低会对农产品流通市场产生不同的影响，集中程度较低的农产品流通市场可能存在信息不对称和交易成本高的问题，使农产品的流通效率和市场收益受到限制，而集中程度较高的农产品流通市场会形成少数大企业垄断市场的情况，由此导致价格操纵和市场失衡。因此，需要在保证市场公平竞争的前提下，适当控制农产品流通组织集中程度，这样才能更好地促进农产品流通能力提升。

（4）2011～2021年流通设施的障碍度合计为24.77，年均增长率为-2.27%。可以看出流通设施障碍度处于逐年下降的趋势，这与各省市不断加强基础设施建设、完善农产品流通网络、提高农产品物流和信息流的覆盖范围是分不开的，可以预见的是流通设施对农产品流通能力的障碍将会进一步缩减。

（5）2011～2021年流通效率的障碍度合计为14.62，年均增长率为0.42%。虽然农产品流通效率的障碍度最低，但其年均增长率是除流通贡献外最高的，并且不同于流通组织与流通规模，提升农产品效率，需要从农产品流通的各个环节入手，需要对农产品流通组织和流通管理等方面进行优化。因此以提升农产品流通效率、降低农产品流通效率障碍度为目标将更有利于农产品流通能力的整体提升。

通过综合分析流通组织、流通规模、流通效率、流通贡献以及流通设施的障碍度，可以了解当前长江经济带农产品流通能力发展水平的障碍以及未来发展的方向。农产品流通效率的障碍度相比于其他指标偏低，但其年均增长率位居第二，同时过度提升流通组织、流通规模会产生负向影响，通过提升农产品流通效率，更有利于农产品流通能力的整体发展。但以流通业总资产周转率、流通业总资产报酬率、流通业存货周转率来衡量农产品流通效率缺乏全面性和准确性，需要进一步构建新的测度指标，对长江经济带各省区市农产品流通效率进行分析。

4.2 效率测算指标体系构建及方法的选择

4.2.1 效率测算指标体系的构建

科学、合理地构建指标体系是评价农产品流通效率的基础。由于农产品流通效率含义覆盖面广，主要包括采摘和收购的效率、运输和存储的效率、加工和包装的效率以及销售和营销的效率等多方面。囿于数据获取难度大的困境，许多流通环节的效率难以测度，根据第 2 章介绍的供应链管理理论，可以借助统计数据重点分析农产品流通系统整体效率。

当前，针对农产品流通效率的测算指标体系还没有一个明确标准，不同学者之间所采用的评价指标虽然有所差异，但大部分都是基于投入产出理论，因此，本章借助柯布—道格拉斯生产函数思想，从"人""财""物"等方面对效率评价指标体系进行构建。柯布—道格拉斯生产函数（Cobb – Douglas production function）是经济学中一种常用的生产函数形式，可以用来描述生产过程中的输入与输出之间的关系，从而帮助评估生产效率。基本形式见公式（4 - 7）。

$$Q = AK^{\alpha}L^{\beta} \tag{4-7}$$

其中，Q 表示产出数量，K 表示资本投入，L 表示劳动投入，A 表示技术水平，α 和 β 表示生产函数的弹性系数。这个函数描述在给定的技术水平下，资本和劳动投入对生产产量的影响。

柯布—道格拉斯生产函数通过度量资本和劳动对产出的贡献，为效率评估提供了一种基础。通过对 α 和 β 的测量，可以判断生产过程中的资本与劳动使用效率，也就是生产效率。例如，当 α 和 β 的和等于 1 时，表示资本和劳动的贡献程度相等，这种情况下的生产效率最高。在实际应用中，通过将生产数据带入生产函数中，可以计算出各个决策单元（如企业、工厂等）的生产效率，并对其进行比较和分析。因此，柯布—道格拉斯生产函数常常用于效率评估。具体来说，借助柯布—道格拉斯生产函数思想，可以将农产品流通环节看作一种生产过程，其中的输入是"人""财""物"等资源，而输出则是货币收入与经济效益等。在这个过程中，农产品流通效率可以被看作商品投入与货币收入之间的关系，即商品产出的货币价值。

因此，本章从投入产出角度，把"人""财""物"作为农产品流通体系的投入指标，经济和作业效益作为产出指标，来测度农产品流通体系的效率。

结合前文分析，本章构建涵盖 3 个投入、2 个产出的评价指标体系（见表 4 - 5）。

表 4 - 5　　　　　　　　长江经济带农产品流通效率测算指标

指标类型	指标名称	指标说明	单位
投入	人力投入	农产品物流业、批发零售业及住宿餐饮业从业人员	万人
	资本投入	农产品物流业、批发零售业及住宿餐饮业固定资产总和	亿元
	基础设施投入	公路、铁路与内河运输总里程与省域面积之比	%
产出	作业产出	农产品流通货物周转量之和	亿吨千米
	经济产出	农产品物流业、批发零售业及住宿餐饮业的增加值	亿元

（1）人力投入。选取农产品物流业、批发零售业及住宿餐饮业从业人员进行衡量，数据源于 2011 ~ 2022 年《中国统计年鉴》。

（2）资本投入。选取农产品物流业、批发零售业及住宿餐饮业固定资产总和进行衡量，数据源于 2011 ~ 2022 年《中国固定资产投资年鉴》。

（3）基础设施投入。选择公路、铁路与内河运输总里程与省域面积之比进行衡量，数据源于 2011～2022 年《中国统计年鉴》。

（4）作业产出。选择农产品流通货物周转量之和来表示，数据源于 2011～2022 年《中国统计年鉴》。

（5）经济产出。选择用农产品物流业、批发零售业及住宿餐饮业的增加值来表示，数据源于 2011～2022 年《中国统计年鉴》。

引入估算系数 N_i（N_i = 最终消费率 × 居民消费占最终消费的比重 × 恩格尔系数）[98]，将各指标均乘以估算系数 N_i，近似代替农产品流通业的投入和产出。对于涉及货币和价格的指标，如资本投入、经济产出，以 2010 年数据为基期进行平减。

4.2.2　效率测算方法选择

数据包络分析法（data envelopment analysis，DEA）被广泛用于效率评价的研究中，DEA 法主要可以分成以 CCR、BCC 为代表的径向方法和以 SBM、RAM 为代表的非径向方法两大类。其中，非径向角度的 SBM 模型能够有效处理径向方法带来的投入"拥挤"或"松弛"问题。因此，SBM 模型逐渐成为常用的效率测度模型。另外，无论是传统的 CCR、BCC 模型，还是 SBM 模型均将效率为 1 的测度对象视为"效率有效单元"，而无法对效率值为 1 的测度对象进行排名，为解决 SBM 模型"效率有效单元"的排名问题，托恩（Tone）结合超效率 DEA 模型和 SBM 模型，提出超效率 SBM 模型[146]，本章将其拓展为全局参比（SBM – Global），即所有决策单元共用同一前沿面，使不同决策单元可以跨时间进行对比，具体模型见公式（4 – 8）。

$$s.t. \begin{cases} \min\rho = \dfrac{1 - \dfrac{1}{m}\sum\limits_{i=1}^{m}\dfrac{S_i^-}{x_{ik}}}{1 + \dfrac{1}{q}\sum\limits_{r=1}^{q^-}\dfrac{S_i^+}{y_{ik}}} \\ x_k = X\lambda + s^- \\ y_k = Y\lambda + s^+ \\ \lambda \geq 0,\ s^+ \geq 0,\ s^- \geq 0 \end{cases} \qquad (4-8)$$

其中，ρ 为效率评价指标；x_k 和 y_k 分别为决策单元的投入与产出向量，x_{ik} 和 y_{ik} 分别为投入与产出向量的元素；X 和 Y 为投入产出矩阵；s^- 和 s^+ 表示投入产出的松弛变量，λ 为列向量。当 $\rho \geqslant 1$ 时，表明决策单元是有效的；当 $0 \leqslant \rho < 1$ 时，表明决策单元需进一步改进投入与产出比例，以实现最佳效率。

4.2.3　Dagum 基尼系数

基尼系数是常用于分析收入、经济等差异的指标，为弥补传统基尼系数不能解决样本数据重叠的问题，达格姆（Dagum）[147] 提出 Dagum 基尼系数，打破传统基尼系数的局限性，同时还能分解子群间效率差异来源，可以将样本整体差异分解为子群内部差异、子群间差异以及子群间超变密度三部分。参考张卓群等[148] 的研究，将 Dagum 基尼系数作为本章测度农产品流通效率空间差异的核心工具，具体见公式（4-9）。

$$s.t. \begin{cases} G_{jh} = \dfrac{\sum\limits_{i=1}^{n_j} \sum\limits_{r=1}^{n_h} \left| y_{ji} - y_{hr} \right|}{n_j n_h (\overline{y_j} + \overline{y_h})} \\[2ex] G = \sum\limits_{j=1}^{k} G_{jj} p_j s_j + \sum\limits_{j=1}^{k} \sum\limits_{h \neq j} G_{jh} p_j s_h D_{jh} + \sum\limits_{j=1}^{k} \sum\limits_{h \neq j} G_{jh} p_j s_h (1 - D_{jh}) \\[2ex] G \equiv G_w + G_{nb} + G_t \\[2ex] D_{jh} = \dfrac{d_{jh} - p_{jh}}{d_{jh} + p_{jh}} \\[2ex] d_{jh} = \int_0^\infty dF_j(y) \int_0^y (y-x) dF_h(x) \\[2ex] p_{jh} = \int_0^\infty dF_h(y) \int_0^y (y-x) dF_j(x) \end{cases} \quad (4-9)$$

其中，j 和 h 为子群编号，n_j 和 n_h 为子群内的观察样本，y_{ji} 和 y_{hr} 为子群内观察样本的农产品流通效率，$\overline{y_j}$ 和 $\overline{y_h}$ 为子群内农产品流通效率的均值，当 $j = h$ 时，G_{jh} 为组内基尼系数；$p_j \equiv n_j / n$ 为 j 子群内样本数与总体样本数的比值，$s_h \equiv n_j \overline{y_h} / n\overline{y}$ 为 h 子群农产品流通效率与总体样本农产品流通效率的比值；D_{jh} 为 j

子群和 h 子群间的相对影响力，取值范围为 $[0, 1]$；G_w 为子群内部差异对总体差异的贡献值，$G_{gb} = G_{nb} + G_t$ 为子群之间差异对总体差异的贡献值，G_{nb} 为子群间差异净值对总体差异的贡献值，G_t 为子群间超变密度对总体差异的贡献值。

4.2.4　Kernel 密度估计

核密度估计（Kernel density estimation）是一种重要的非参数估计方法，可直观地将其理解为"光滑化"的直方图，能够用连续的密度曲线描述农产品流通效率的分布特征。单独某期样本数据核密度曲线的水平位置可代表农产品流通效率的高低，曲线波峰的高度和宽度可体现农产品流通效率在区间内的聚集程度，波峰数目可刻画样本数据的极化程度，分布延展性即曲线拖尾程度可描述最高或最低农产品流通效率省份与其他省份的距离，拖尾越严重，代表区域内差异程度越高。纵向对比同一区域多期样本的核密度曲线可以识别出该区域农产品流通效率分布特征的动态演进过程，横向比较多个区域核密度曲线的形态能够捕捉到它们在农产品流通效率变化轨迹上的差异。具体来讲，j 区域农产品流通效率的核密度曲线见公式 $(4-10)$。

$$f_j(y) = \frac{1}{n_j h} \sum_{i=1}^{n_j} K\left(\frac{y_{ji} - y}{h}\right) \qquad (4-10)$$

其中，K 代表核密度函数，描述了 y 邻域内所有样本点 y_{ji} 所占的权重，h 代表核密度估计的窗宽。核密度函数选择方面，常用的核密度函数有高斯核、Epanechnikov 核、双角核、三角核等，但在一般情况下选择不同的核密度函数对于估计结果的影响不大，故而本章基于最常见的高斯核函数展开讨论。窗宽选择方面，窗宽越小估计量越精确，但区间内参与计算的样本数目也会相应减少，造成估计量方差较大，密度曲线光滑性较差。本章用 Silverman 提出的最优窗宽选择方法确定窗宽[149]。

4.3　农产品流通效率评价

4.3.1　超效率 SBM 模型分析结果

基于超效率 SBM 模型，对收集的原始数据进行测算，得出 2011～2021 年长江经济带 11 个省区市农产品流通效率（见表 4 - 6）。

表 4 - 6　　　　　　长江经济带各省区市农产品流通效率

地区	2011 年	2012 年	2013 年	2014 年	2015 年	2016 年	2017 年	2018 年	2019 年	2020 年	2021 年
上海	0.83	0.82	0.62	0.73	0.65	0.64	0.75	0.78	0.84	1.04	1.02
江苏	0.72	0.76	0.55	0.57	0.52	0.52	0.60	0.64	0.67	0.82	1.09
浙江	0.64	0.66	0.64	0.67	0.70	0.74	0.75	0.86	1.00	0.86	1.03
安徽	0.95	1.04	0.92	1.06	0.73	0.76	0.81	0.83	0.74	0.81	1.03
江西	0.40	0.41	0.38	0.38	0.37	0.40	0.44	0.53	0.46	0.48	0.55
湖北	0.33	0.37	0.32	0.36	0.37	0.38	0.41	0.43	0.43	0.39	0.49
湖南	0.35	0.40	0.36	0.40	0.40	0.44	0.47	0.50	0.32	0.32	0.38
重庆	0.27	0.26	0.19	0.20	0.21	0.25	0.28	0.31	0.30	0.31	0.35
四川	0.30	0.32	0.25	0.29	0.30	0.34	0.37	0.41	0.42	0.35	0.40
贵州	0.20	0.19	0.19	0.21	0.21	0.22	0.24	0.26	0.19	0.20	0.24
云南	0.17	0.18	0.20	0.21	0.22	0.24	0.27	0.28	0.28	0.28	0.34

从整体来看，2011～2021 年长江经济带 11 个省区市农产品流通效率呈现波动式上升，表明我国实行乡村振兴战略取得积极效应。

从各省区市来看，上海、江苏、浙江、安徽近几年都达到了有效状态，说明这几个省区市农产品流通效率较好。特别是位于长江下游的上海地区，一直处于效率的前沿面。安徽省 2018～2021 年农产品流通效率也显著提升，这是由于其不断提升农业质量和推行农村改革所带来的成效。

4.3.2 效率时空格局演化分析

（1）农产品流通效率区域差异演化特征

运用 MATLAB 软件测度 2011～2021 年长江经济带各省区市农产品流通效率，并绘制长江经济带整体以及上游、中游、下游 2011～2021 年农产品流通效率年均值变化情况，如图 4-2 所示。

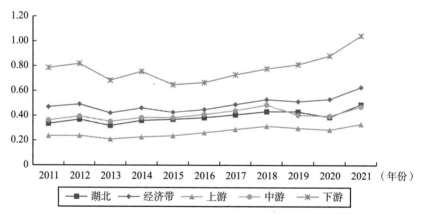

图 4-2　长江经济带农产品流通效率年均值变化

注：下游地区包括上海、江苏、浙江、安徽四省市；中游地区包括江西、湖北、湖南三省；上游地区包括重庆、四川、贵州、云南四省市。

①从 2011～2021 年农产品流通效率均值看出，2011～2021 年长江经济带农产品流通效率呈现波动上升态势。其中，波动期主要集中在"十二五"时期（2011～2015 年），"十二五"时期之后（2016～2021 年）为效率上升期。作为挺进内陆的"一轴"，长江经济带的发展一直受多方重视，在党的十八大后，推动长江经济带的发展成为国家重大战略。2014 年，国务院印发《关于依托黄金水道推动长江经济带发展的指导意见》指出，要打造上中下游优势互补、协作互动格局，加快推动长江经济带发展。《中华人民共和国国民经济

和社会发展第十三个五年规划纲要》将"一带一路"、京津冀协同发展、长江经济带建设列为三大发展战略，再次推动了长江经济带的建设。因此，在推动长江经济带建设的大背景下，农产品流通效率得到较大的提升。

②从上游、中游、下游分区域的变化情况来看，长江经济带下游地区农产品流通效率明显高于中游和上游，其农产品流通效率值在研究期末达到"超效率"状态；中游和上游地区农产品流通效率虽有增长，但总体增速不快，效率值较低。可见，长江经济带上中下游农产品流通协同发展不足，差异较大。

③从湖北省发展情况来看，2011～2021年湖北省农产品流通效率变化趋势基本与经济带变化趋势相同，但湖北省农产品流通效率整体发展情况不佳，效率偏低。面对突发公共事件，农产品流通效率受到一定程度的影响，未来农产品流通产业需要加强流通韧性建设，保持农产品流通体系的顺畅发展。

进一步绘制长江经济带各省区市考虑农产品流通效率年均值变化图，如图4-3所示。长江经济带各省区市农产品流通效率年均值差异较大，其中效率均值大于0.6的省份为安徽、上海、浙江以及江苏，这些地区主要来自东部发达地区以及中部农业大省，上海、江苏、浙江作为东部沿海地区，自身经济实力雄厚，拥有优于其他地区的流通基础条件，创新要素丰富，农产品流通效率自然高于其他地区，而安徽作为农产品大省和粮食主产区，也是主要的农产品输出省，"十三五"期间安徽省积极推进本省农业结构调整，大力发展农产品加工流通业，创新农业新业态，如农产品电子商务、农业休闲与乡村旅游等产业，提升了农业效益，促进了农民就业。这也为农产品流通提供了良好的条件，因此，安徽省农产品流通效率位列前茅。同为中部地区的湖北省效率年均值仅为0.39，在长江经济带中排名第七位，整体实力较弱，作为长江经济带发展的"龙腰"，建设湖北省农产品流通体系，促进流通效率增长，是推动长江中游城市群一体化建设，促进区域协调发展的重要措施。

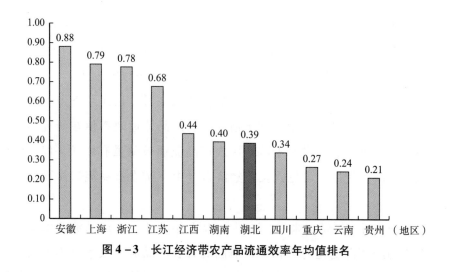

图4-3　长江经济带农产品流通效率年均值排名

（2）农产品流通效率时空格局演化分析

进一步分析长江经济带农产品流通效率在时间和空间层面上的演化情况，选取每两年效率均值采用 ArcGIS 软件绘制出长江经济带各省区市农产品流通效率空间格局图，颜色越深表示农产品流通效率越高，如图4-4所示。通过分析图4-4可知，长江经济带各省区市农产品流通效率一直呈现出明显的上游、中游、下游分化的空间格局，处于下游地区的安徽、江苏、上海以及浙江的农产品流通效率普遍高于上游、中游地区。从分级格局来看，大多数年份下游地区的安徽、江苏、上海以及浙江处于第一梯队，中游地区的湖北、湖南以及江西属于第二梯队，下游地区的重庆、四川、贵州以及云南处于第三梯队。值得指出的是，下游地区的四川省也曾进入效率的第二梯队，作为农业综合生产能力较强的省，四川不断推动农产品现代流通市场化改革，健全农产品现代流通网络，为农产品流通效率提升打下基础，为上游其他地区的农产品流通效率发展提供借鉴。

通过分区域对农产品流通效率进行分析可知，长江经济带农产品流通效率存在明显的区域差异，但是无法知晓区域背后的差异来源，除从时序角度对差异进行分析外，还需进一步探讨效率的空间差异。

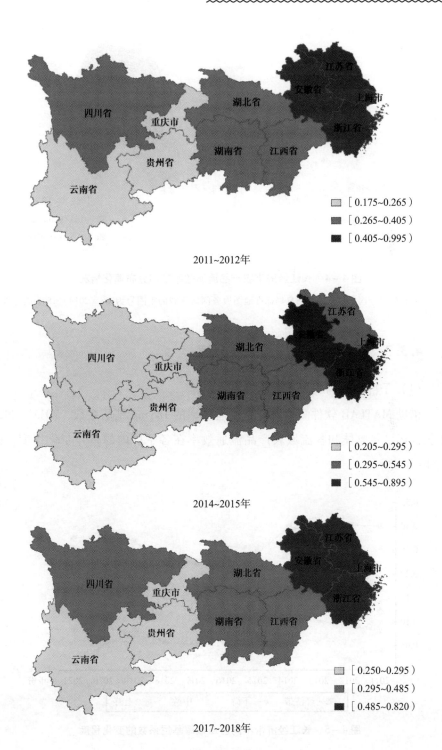

[0.175~0.265)
[0.265~0.405)
[0.405~0.995)

2011~2012年

[0.205~0.295)
[0.295~0.545)
[0.545~0.895)

2014~2015年

[0.250~0.295)
[0.295~0.485)
[0.485~0.820)

2017~2018年

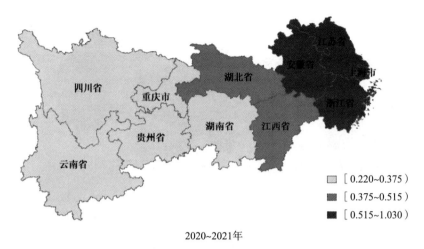

2020~2021年

图4-4　长江经济带农产品流通效率空间分布演化情况

注：该图基于国家测绘地理信息局标准地图服务网站下载的审图号为 GS（2019）1822 的标准地图制作。

4.3.3　效率空间差异与来源分解

（1）子群内部的农产品流通效率值差异

借助 MATLAB 软件测算农产品流通效率的 Dagum 基尼系数，2011～2021年长江经济带整体和各流域农产品流通效率在各子群内的差异变化程度，如图4-5所示。

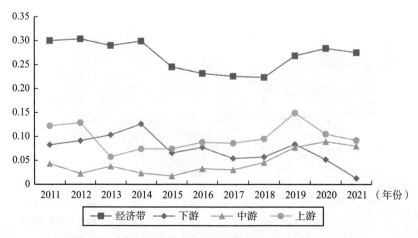

图4-5　长江经济带不同区域效率基尼系数的变化程度

①总体上看，长江经济带 2011～2021 年农产品流通效率基尼系数均值为 0.27，呈现"U"形变化趋势，2011～2014 年保持稳定，2015～2018 年开始下降，2018～2021 年又逐渐上升。随着长江经济带发展战略的提出，2014 年后区域内部农产品流通效率差异不断下降，而 2019 年受突发公共事件影响，农产品流通效率发展落后地区与发达地区的差距又进一步拉大，不均衡现象更明显。

②分子群来看，上游、中游、下游三大子群农产品流通效率基尼系数差距明显，2011～2021 年各子群农产品流通效率基尼系数远低于长江经济带整体基尼系数。具体来看，下游地区 2011～2021 年农产品流通效率子群内基尼系数均值为 0.07，排名第二位，下游地区变化趋势与长江经济带类似，只有在 2019 年后变化趋势有所差异，2019 年下游地区内部基尼系数有小幅度上升，但 2020 年下游地区扭转上升态势，效率基尼系数迅速下降，这主要是因为下游地区自身拥有优越的基础条件，在面对突发事件时，这些地区能够依靠自身流通体系的韧性保障农产品流通畅通。

中游地区 2011～2021 年农产品流通效率子群内基尼系数均值为 0.05，位居所有子群之末，除 2019 年后略有上升，其余年份中游地区内基尼系数均维持在一个稳定水平，说明中游地区内各省农产品流通效率发展平衡性较好，这与我国持续推进中部地区崛起战略是分不开的，中部地区作为我国粮食生产基地以及能源原材料基地，物流基础设施雄厚，农业生产要素丰富，具有优越的农产品流通发展条件。

上游地区 2011～2021 年农产品流通效率子群内基尼系数均值为 0.10，位居所有子群之首，在研究期内呈现相对较高水平，表明上游各省市间农产品流通效率差异较大，不平衡发展特点突出。

综合来看，上游、中游、下游三大子群农产品流通效率基尼系数虽有所差异，但整体数值不高，说明长江经济带的差异并非来自各子群内部差异，更多可能来自子群之间的差异，需进一步验证。

（2）子群之间的农产品流通效率值差异

进一步借助 Dagum 基尼系数测算不同子群之间农产品流通效率的差异程

度，绘制2011～2021年农产品流通效率在各子群间差异的变化程度，如图4-6所示。

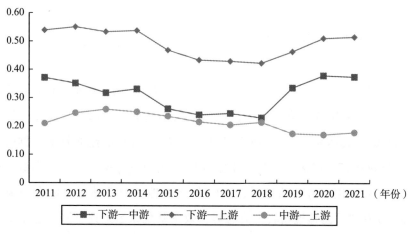

图4-6　长江经济带不同区域之间效率差异的变化程度

2011～2021年农产品流通效率子群之间差异有明显变化。从变化过程来看，下游与上游地区之间差异最大，2011～2021年农产品流通效率在下游与上游地区之间基尼系数差异均值为0.49，总体呈现"平稳—下降—上升"趋势。子群间差异排名第二的是下游与中游地区之间，2011～2021年农产品流通效率在下游与中游地区之间基尼系数差异均值为0.31，总体趋势与下游和上游地区之间趋同，也呈现"平稳—下降—上升"趋势，下降时间节点为2014年，上升时间节点为2018年。2014年，国务院发布《物流业发展中长期规划（2014～2020年）》，此后各地区加强自身物流建设，推动物流高质量发展，基层系数下降，中游与上游地区之间差异呈现"相对稳定"趋势，2011～2021年农产品流通效率在中游与上游地区之间基尼系数差异均值为0.21。

（3）农产品流通效率值的总体差异及分解

使用Dagum基尼系数将农产品流通效率整体差异分解为子群内部差异、子群间差异以及子群间超变密度三部分，绘制2011～2021年长江经济带农产品流通效率的空间差异及来源，如图 4 - 7 所示。

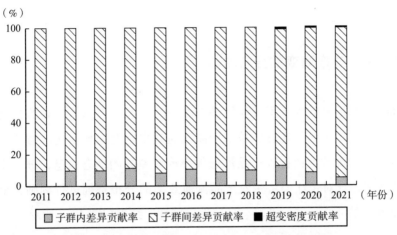

图 4 - 7　长江经济带农产品流通效率空间差异的来源

从测度的结果来看，2011～2021 年长江经济带农产品流通效率子群内对整体差距贡献的均值为 0.03，子群内差距的平均贡献率为 9.36%，研究期内浮动范围介于 4%～13%，整体浮动略大，并呈现下降趋势。2011～2021 年长江经济带农产品流通效率子群间对整体差距贡献的均值为 0.24，子群间差距的平均贡献率达到 90.48%，研究期内浮动范围介于 86%～95%，整体呈现平稳变化。可以看出，子群间差距是长江经济带农产品流通效率最主要的差距来源，需要提升中游和上游子群的农产品流通效率，缩小与下游间的效率差距，以此解决长江经济带农产品流通效率发展空间不平衡的问题。超变密度反映的是各子群间交叉部分对整体差距的贡献，即低效率区域中存在部分省市效率大于高效率区域中部分省市，则提升低效率省市的农产品流通效率，并降低高效率省市的农产品流通效率，可能会同时增加区域内基尼系数、降低区域间差异净值、加剧区域间重叠部分的不平等程度，使总体基尼系数不降反升。因组间重叠引致的这部分基尼系数被称为组间超变密度，如果各分组之间均不存在任何交叉重叠，则取值为 0。2011～2021 年农产品流通效率子群间超变密度对整体差距贡献的均值为 0.0004，子群间差距的平均贡献率仅为 0.16%，对效率差异贡献极低。综上所述，考虑农产品流通效率总体差异主要来源是子群间差异，第二来源是子群内差异，第三来源是子群间超变密度。

4.3.4 效率演变的分布动态

Dagum 基尼系数揭示了长江经济带农产品流通效率总体差异的数值水平及具体来源，但无法描述各区域农产品流通效率绝对差异变化的时变演进过程。为了更为细致地捕捉农产品流通效率绝对差异的动态信息，进一步使用Kernel 密度估计对长江经济带农产品流通效率的分布特征进行刻画，重点阐述密度曲线的分布位置、波峰、延展性等属性，结果如图 4-8 所示。

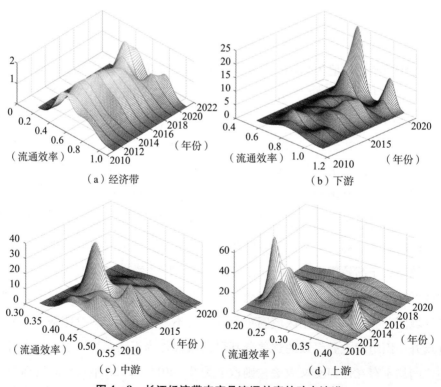

图 4-8 长江经济带农产品流通效率的动态演进

（1）经济带层面

图 4-8（a）从整体上描述了长江经济带 11 个省份农产品流通效率在样本观测期内的分布动态演进趋势。从中看出，观测期内长江经济带总体分布曲线中心以及变化区间逐步右移，其主峰高度不断上升，且曲线宽度有小幅度的收窄，这说明长江经济带总体农产品流通效率趋于明显上升趋势，其绝对差异存在一定幅度的缩小趋势。同时，还可观测到，长江经济带总体农产品流通效率分布曲线拖尾现象不太明显，其分布延展性在一定程度上没有拓宽趋势，这意味着长江经济带总体农产品流通效率高的地区与农产品流通效率低的地区之间的差距均有一定程度的缩小，只是缩小幅度并不十分显著。另外，从波峰演变进程来看，长江经济带总体农产品流通效率分布经历了"单峰—双峰"的演变过程。其中双峰主要出现在 2020 年和 2021 年，表明长江经济带总体农产品流通效率在 2020 年和 2021 年存在两极分化现象。面对突发公共事件，经济发达的下游地区依靠自身流通产业韧性扭转颓势，而经济欠发达的上游和中游地区短时间内恢复速度较慢，难以快速赶上农产品流通效率水平高的地区，因而在 2020 年和 2021 年两极分化现象凸显。

（2）三大流域层面

图 4-8（b）、图 4-8（c）和图 4-8（d）分别描述了下游、中游和上游三大流域在样本观测期内的分布动态演进趋势。首先，从分布位置来看，下游、中游和上游三大流域分布曲线中心以及变化区间没有呈现明显右移或者左移趋势。然后，从主峰分布形态来看，下游地区分布曲线在观测期内总体表现为主峰高度不断上升以及曲线宽度变窄的态势，说明下游地区农产品流通效率的绝对差异趋于缩小态势；中游地区主峰高度经历了先上升后下降的演变过程，其主峰宽度经历了先变窄后变宽的演变过程，说明中游地区农产品流通效率的绝对差异总体趋于扩大态势；上游地区主峰高度同样经历了先上升后下降的演变过程，其主峰宽度经历了先变窄后变宽的演变过程，同样说明上游地区农产品流通效率的绝对差异总体趋于扩大态势。其次，从分布延展性来看，三大流域均不存在明显拖尾现象。同时，三大流域延展性表现各异，其中下游地区总体趋于小幅收敛态势，而中游和上游地区分布延展

性则不断拓宽，说明中游和上游地区农产品流通效率高的地区与农产品流通效率低的地区之间的差距均有一定程度的扩大。最后，从波峰数目来看，下游、中游和上游三大流域在样本时期内均存在过双峰现象，即区域内农产品流通效率存在两极分化现象。其中，下游区域农产品流通效率分布始终维持双峰状态，样本期末双峰峰值逐步上升，曲线渐趋高耸，说明随着时间的推移下游区域内两极分化更加严重；中游区域和上游区域的双峰现象均出现在样本初期，到样本末期均逐渐演变为单峰，最后趋于平缓，说明中游区域和上游区域的两极分化特征在整体上趋于弱化，上游区域的双峰之间的距离较大，表明其内部存在着较为明显的空间极化现象。

4.4　本章小结

本章首先借助全局熵权法对长江经济带各省区市农产品流通能力进行分析，并通过障碍度模型探究长江经济带农产品流通能力水平的短板，发现长江经济带各省区市农产品流通能力得分差距明显，湖北省综合流通能力排名第 2 位，但农产品流通效率仅排名第 5 位，同时农产品流通效率是阻碍各省区市农产品流通能力提升的关键障碍因子；构建投入产出效率评价指标体系，对长江经济带各省区市农产品流通效率进行详细分析，同时借助 Dagum 基尼系数和 Kernel 密度估计探究效率的差异来源和动态演进，分析结果表明，长江经济带各省区市农产品流通效率总体呈现波动上升趋势，但湖北省农产品流通效率年均值排名靠后，有较大的提升空间；长江经济带各省区市农产品流通效率呈现出明显的上游、中游、下游分化的空间格局，不同流域之间效率差异较大。

第5章

湖北省农产品流通产业发展现状分析

湖北省农产品流通能力处于长江经济带11省区市前列，但农产品流通效率发展的滞后，成为限制湖北省进一步提升农产品流通能力的短板。为推动湖北省农产品流通产业发展，有必要对湖北省当前农产品流通产业发展现状进行分析，厘清阻碍湖北省农产品流通产业发展的缺陷之处，为后文进一步研究奠定坚实基础。

5.1 农产品流通产业发展情况

5.1.1 流通环境

随着国民经济的快速发展，居民的生活水平和生活质量逐步提高，湖北省在国家中部崛起发展中扮演着重要角色，农产品极其丰富，区域优势明显，良好的发展前景为农产品流通产业的发展带来了良好的契机。

从自然条件来看，湖北地跨北纬 29°01′53″~33°6′47″、东经 108°21′42″~116°07′50″。东邻安徽，南界江西、湖南，西连重庆，西北与陕西接壤，北与河南毗邻，东西长约740千米，南北宽约470千米，全省总面积18.59万平方千米。湖北省地处亚热带，位于典型的季风区。全省除高山地区外，大部分为亚热带季风性湿润气候，光能充足，热量丰富，无霜期长，降水充沛，雨热同季，光能充足，雨量充沛，非常适合高品质农产品的种植。全年平均降雨量在 800 ~ 1 600 毫米，适宜蔬菜等农作物的生长以及渔牧业的养殖。

从政策层面来看，2012 年发布的《省人民政府关于印发湖北省主体功能区规划的通知》① 中指出：湖北省要不断推进形成国土总体开发格局合理、空间利用效率较高、城乡与区域协调发展、"两型"社会建设成效显著的主体功能区，基本建成促进中部地区崛起的重要战略支点。"十四五"时期，湖北着力打造武汉都市圈、襄阳都市圈、宜荆都市圈等重点都市圈的发展；紧扣农业农村现代化，依托湖北省农业资源禀赋条件，优化形成以江汉平原—鄂北岗地现代农业区、山地特色农业区、都市农业区为主体的农业空间布局，保障全省农产品的供给端稳定。近年来，湖北还陆续发布《关于促进农产品流通的若干措施（2020 年 3 月 30 日省政府办公厅发布)》《湖北省农业产业化暨农产品加工业发展"十四五"规划（2021 年 11 月 8 日湖北省农业农村厅发布)》《湖北省现代物流业发展"十四五"规划（2021 年 11 月 24 日湖北省发改委发布)》等政策文件，为农产品流通营造优良环境。

同时，湖北不断加大对本省固定资产的投资，农产品相关产业固定资产投资逐年提升。根据国家统计局数据显示（见表 5 - 1），2021 年湖北省固定资产投资总额为 39 128.68 亿元，相较于 2011 年的 12 195.39 亿元，同比增长率达到 213.68%；农、林、牧、渔业固定资产投资总额也由 2011 年的 1 029.05 亿元增加到 2021 年的 3 390.33 亿元；作为农产品流通产业的重要支柱，湖北不断加强交通运输、仓储和邮政业的投资，2011 ~ 2021 年，湖北交通运输、仓储和邮政业固定资产投资同比增长率达到 238.26%。2021 年发布的《省人民政府关于印发湖北省服务业发展"十四五"规划的通知》中指出，要加快构建城乡双向畅通的物流配送网络，加强快递物流末端基础设施

---

① https://www.hubei.gov.cn/zfwj/ezf/201303/t20130307_1711739.shtml。

建设，可以预见的是，湖北交通运输、仓储和邮政业固定资产投资仍会进一步提高；批发和零售业及住宿和餐饮业固定资产投资均有不同程度上升，2021 年各自达到 318.12 亿元和 1 235.51 亿元。由此可见，湖北省大力发展第一产业（农、林、牧、渔业）和农产品流通相关产业，在未来也将会加大固定资产的投入，潜在市场发展空间广阔，为农产品流通产业发展奠定基础。

表 5 - 1　　　　　　　　湖北省固定资产投资情况　　　　　单位：亿元

行业	2011 年	2017 年	2018 年	2019 年	2020 年	2021 年
固定资产投资总额	12 195.39	31 872.57	29 503.88	31 872.57	35 378.55	39 128.68
农、林、牧、渔业	1 029.05	2 892.65	2 794.23	2 892.65	3 216.63	3 390.33
交通运输、仓储和邮政业	397.18	630.15	725.27	630.15	734.76	687.00
批发和零售业	212.93	256.41	286.04	256.41	276.15	318.12
住宿和餐饮业	331.07	1 070.99	1 086.49	1 070.99	1 056.00	1 235.51

资料来源：《中国统计年鉴》。

5.1.2　流通主体

农产品流通主体是指将农产品从生产运输到消费环节的参与主体，主要包括农户、以农户为主的合作组织、批发零售企业等。

农户作为农产品流通体系前端，是农产品生产和供应的第一环。通常，农户将种植的农产品运至市场进行销售，或者由收购商低价收购。这两种方式是大部分农户融入流通体系的方式，但利润薄和效率低的缺陷使得农户难以提升自身的收入，并且城市经济发展所带来的虹吸效应，使得农村劳动力向城镇转移，农户的生产力也逐渐削弱。根据《中国统计年鉴》数据显示，湖北农村居民人均可支配收入由 2011 年的 7 540 元提升至 2021 年的 18 259 元，但和城镇居民人均可支配收入相比还具有较大差距，如图 5 - 1 所示，2021 年湖北城镇居民人均可支配收入 40 278 元，农村居民人均可支配收入

18 259 元，前者为后者的 2.2 倍。全面建设社会主义现代化国家，离不开农业的现代化；促进共同富裕，最艰巨最繁重的任务仍然在农村。在扎实推进共同富裕的道路上，湖北省发展不平衡不充分的问题仍然突出，城乡收入分配差距较大。农产品流通产业的发展能打破农村封闭的经济生态，促进生产要素在城乡之间自由流动，提高农民的就业和收入水平，从而缩小城乡就业差距和收入差距。

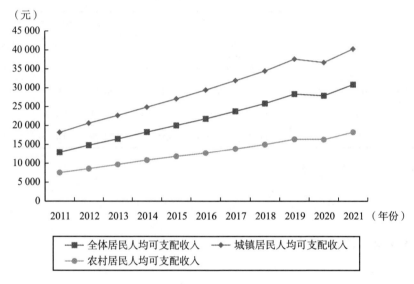

图 5 - 1 湖北省居民人均可支配收入变化趋势

资料来源：《中国统计年鉴》。

农户作为农产品流通体系的重要一环，引导农户融入流通大市场意义重大。农民专业合作社作为互助性经济组织，在农产品生产、销售、运输等环节中起到很大作用，同时也能促进农民增收、改善农产品流通。当前，湖北省农民专业合作社发展迅猛，增长速度较快，如图 5 - 2 所示，由 2011 年的 1.96 万个增长到 2021 年的 10.52 万个，年均增速达到 18.29%。农民合作社极大地解决了农民在农业生产资料购买、农产品培育、生产过程管理、加工运输贮藏以及销售过程中的各种问题，使农民群众更多地分享到农村集体经济发展带来的收益。农民专业合作社的发展意义毋庸置疑，但是当前农民合作社"空壳社"现象严重，合作社运行不规范问题突出，这使得农民专业合作社在促进农产品流通上起到的作用很有限。周娟对实践案例进行研究后认为，当前农民专业合作社的发展面临内外双重困境，内部困境在于合作社成员较小的生产规模和投资能力，使得合作社的组成需要增大组织成本；外部困境在于农民合作社面临与农业企业间的不公平竞争[150]。

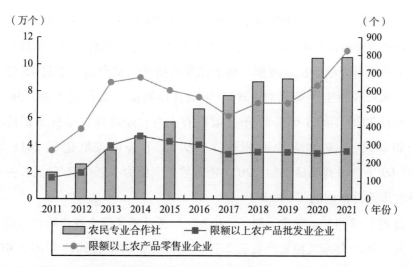

图 5 - 2　2011～2021 年湖北省农民专业合作社和限额以上农产品批发及零售企业数量

资料来源：《中国贸易外经统计年鉴》。

相比于农民专业合作社，农产品批发零售企业的发展更加成熟，根据国家统计局数据显示，湖北省限额以上农产品批发及零售企业销售额由 2011 年的 413 亿元增长到 2021 年的 752 亿元，其间除 2020 年受新冠疫情影响有较大幅度下降外，其余年份均呈现上升态势。从农产品批发和零售企业发展来看，根据图 5 - 2，2011～2021 年，湖北限额以上农产品批发业企业数量经历小幅度上升后，基本维持在一个稳定水平。湖北限额以上农产品零售业企业数量则经历较大波动，2011～2014 年逐渐上升、2014～2017 年处于下降态势、2017～2021 年则处于稳步上升趋势。虽然农产品批发零售商主体的发展规模较大，但是当前各类主体仍存在组织化程度不高、龙头企业带动能力弱、易受外在风险因素干扰韧性不足等问题，严重阻碍农产品流通效率的提升。

5.1.3　流通客体

湖北省优异的地域条件，适合农作物生产。2021年，湖北省第一产业增加值为4 635.20亿元。2021年，湖北省实现粮食面积、产量"双增"目标，全年粮食播种面积7 029万亩、总产276.45亿千克。同时，实施节粮减损行动，采取虫口夺粮、机收减损、烘干保质等措施，粮食减少损失45亿千克以上。从农产品生产端来看，2021年粮食作物播种面积为4 685.98千公顷，相较2020年的4 645.27千公顷略有上升；经济作物播种面积持续提升，如2021年蔬菜播种面积达1 309.95千公顷，相比较2011年的1 022.69千公顷有明显增加；2021年畜牧业产值为1 990.16亿元，占当年农林牧渔业总产值的23.99%。

由表5-2可知，粮食、稻谷、小麦、玉米及豆类等主要作物产量稳步提升，其中2021年湖北粮食产量达2 764.33万吨，相较于2011年的2 407.45万吨有明显上升。这得益于湖北省不断推进农产品稳产保供和强化农业高质量发展，农产品种植业发展水平不断提升，综合竞争实力显著增强。2021年湖北省农业农村厅发布的《湖北省种植业发展"十四五"规划》中指出，要"夯实种植业底盘，助力乡村产业振兴和农业产业强省建设"，同时指出要做大做强黄陂区、枝江市、襄州区、沙洋县等水稻产业振兴示范引领区；做实做全新洲区、阳新县、大冶市、当阳市等水稻产业振兴功能提升区；做精做优郧阳区、竹溪县、远安县、谷城县等水稻产业振兴特色优势区。在湖北省贯彻落实各项强农惠农政策、不断强化农业科技支撑以及创新农业生产方式下，湖北省农产品生产端的发展水平不断提升，在压实"米袋子"的同时也稳住"菜篮子"。

作物名称	2011 年	2017 年	2018 年	2019 年	2020 年	2021 年
粮食	2 407.45	2 846.13	2 839.47	2 724.98	2 727.43	2 764.33
稻谷	1 614.51	1 927.16	1 965.62	1 877.06	1 864.34	1 883.62
小麦	349.78	426.9	410.37	390.68	400.66	399.34
玉米	303.19	356.75	323.38	307.22	311.54	323.54
豆类	37.91	38.48	38.41	38.97	39.73	41.88

表5-2 湖北省部分年份主要粮食作物产量 单位：万吨

资料来源：《中国统计年鉴》。

从消费端来看，湖北省农产品消费量稳中有进，《中国统计年鉴》数据显示，2015～2021 年，湖北省居民人均粮食消费量除部分年份略有下降，总体呈现上升趋势；居民人均蔬菜及食用菌消费量也由 2015 年的 117.30 千克增长为 2021 年的 133.80 千克；居民人均肉类消费量和居民人均干鲜瓜果类消费量则呈现较为平稳趋势，如图 5-3 所示。在国家把扩大内需作为发展战略基点的大背景下，湖北省近些年也在不断促进消费扩容升级，加快发展新型消费。2022 年湖北省人民政府办公厅发布的《省人民政府办公厅关于印发促进全省消费扩容升级三年行动方案（2021—2023 年）的通知》中就明确强调，要实施

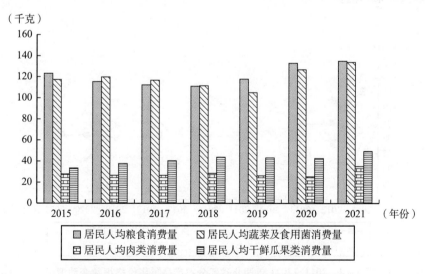

图 5-3 2015～2021 年湖北省部分农产品消费情况

资料来源：《中国统计年鉴》。

现代物流配送体系与消费平台"双构建"行动，推进农产品仓储保鲜冷链物流设施建设，支持新型农业经营主体建设规模适度的产地冷藏保鲜设施，以此保障全省消费扩容升级。可以预见的是，未来湖北省农产品消费量还会持续上升。

零售价格指数是衡量一定时期内零售市场价格变动的指标，通常用于测量物价水平的变化和通货膨胀的趋势。农产品零售价格指数可以反映农产品的市场价格水平。通过对不同时间段的指数变化进行比较，可以了解农产品价格的上升或下降趋势，判断物价走势和通胀压力。选取粮食类、蛋类、菜类以及干鲜瓜果类五种商品，对其 2011～2021 年零售价格指数进行分析，如图 5-4 所示。2011～2021 年，湖北省粮食类商品零售价格指数呈现下降趋势，但整体呈现较为平稳的状态，粮食零售价格指数下降意味着给消费者提供更多的购买选择和经济实惠，这与前文介绍的湖北省居民人均粮食消费量的上升有一定关联；湖北省蛋类、菜类以及干鲜瓜果类商品零售价格指数则呈现较大的波动，说明在市场供需关系的变化、季节性等因素的影响下，湖北省部分农产品价格波动还较为明显，这可能导致农产品市场不稳定性增加，使农民和农业生产者难以预测和规划农产品消费市场，同时也会影响消费者的购买决策和消费行为。

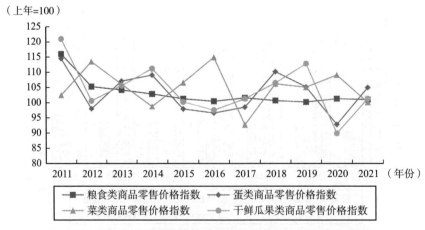

图 5-4　2011～2021 年湖北省部分农产品零售价格指数变动情况

资料来源：《中国统计年鉴》。

5.1.4　流通载体

运输基础设施是保障农产品顺畅流通的关键载体，近些年，湖北省道路运输行业不断适应新时期发展要求，加快转变发展方式，在道路货运服务能力以及完善保障体系建设等方面取得了显著成效，为全省经济社会快速发展提供了有力支撑和保障。根据统计年鉴数据显示，2011～2021 年，湖北省货物周转量由 2011 年的 3 798.84 亿吨千米增长到 2021 年的 7 544.17 亿吨千米，由图 5-5 可知，除 2019 年和 2020 年有明显下降外，其余年份均呈现上升趋势。从不同运输方式来看，湖北省货物运输主要以铁路和水路为主，铁路运输相对较低。铁路货物周转量和公路货物周转量变化趋势与总货物周转量趋势相似，而铁路运输货物周转量则相对稳定。《湖北省推进运输结构调整实施方案》指出，要以推进货物运输"公转铁、公转水"为主攻方向，不断完善综合交通运输体系，减少公路运输量，增加铁路运输量。虽然铁路运输货物周转量的变化相对稳定，但公路、水运、铁路货运量占比由 2017 年的 78.72%、19.26%、2.01% 调整为 71.43%、25.43%、3.13%，货运结构明显有所优化。

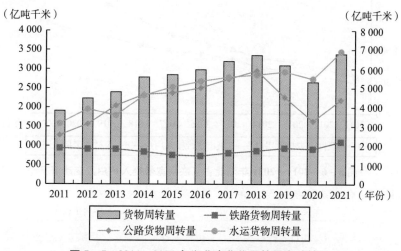

图 5-5　2011～2021 年湖北省货物周转量变动情况

资料来源：《中国统计年鉴》。

信息技术的发展作为农产品供应链中的信息流载体，信息技术提供了高效的信息传递渠道，加速了农产品流通环节中的信息传递速度和准确性。通过互联网、移动应用和电子商务平台等技术，农产品的供应商、批发商、零售商和消费者之间可以迅速获取和共享产品信息、市场动态、价格变动等，提高市场透明度。湖北省信息技术发展态势良好，以互联网宽带接入用户数为例，由图5-6可知，互联网宽带接入用户在2011~2021年不断上升，城市宽带接入用户明显高于农村宽带接入用户，这与城乡人口差异有一定关系，但可以预见的是，未来农村地区的互联网发展水平仍会进一步提升，这为农产品流通产业发展打下坚实基础。同时，湖北数字基建实力领跑中部地区，其中互联网出省带宽达到20T，光纤渗透率超过95%，全省5G宏基站累计超3万个，基站数量居中部第一。湖北省加速融合信息技术与实体经济，不断壮大数字产业化规模，加快产业数字化转型步伐，使得数字经济已经成为驱动农产品流通产业发展的核心关键力量。

图5-6 2011~2021年湖北省互联网宽带接入用户数变动情况

资料来源：《中国统计年鉴》。

5.1.5 流通渠道

农产品流通渠道指的是农产品从生产者到最终消费者的流通路径和环节，经过多年发展，湖北农产品流通渠道呈现以批发零售模式为主导，多种流通模式共同发展的现状，主要包括：农户通过摆摊和电商售卖等方式直接对接消费者的直销模式；零售商和农户签订农产品订单合同，由零售商销售给消费者的订单模式；由超市、企业等自建农产品生产基地，不由农户提供农产品的自营模式；以及农户和超市合作，不经过中间商的农超对接等模式。相比于批发零售模式，直销、订单、自营以及农超对接等模式组织化程度更高，流通渠道更短，更有利于农产品流通效率提升，如"贫困地区 + 超市门店"的农超对接模式，既解决了产地农产品滞销困境，提升农民收入，同时也让消费者享受到源头新鲜。然而，当前以批发零售模式为主的农产品流通渠道往往经过"农户—产地批发商—运输—销地零售商—消费者"的多重流通环节，甚至有的农产品还要经过多级批发零售。流通链条的冗余，增加了农产品流通损耗率过高、运输保鲜成本增加的风险，最终形成产地"贱卖"，销地"贵买"的困境，这也都是当前阻碍农产品流通产业发展的主要原因。随着互联网和电子商务的发展，农产品电子商务逐渐兴起。通过在线平台，农产品生产者可以直接将产品销售给消费者，或与电商平台合作进行销售。这种渠道模式突破了地域限制，提供了更大的农产品销售市场。由图 5 - 7 可知，2013 ~ 2021 年湖北省电子商务销售和采购额均有不同程度上升，其中电子商务销售额由 2013 年的 1 843.10 亿元增长为 2021 年的 6 126.90 亿元，年均增长率达到 16.20%；电子商务采购额由 2013 年的 946.00 亿元增长为 2021 年的 3 495.60 亿元，年均增长率达到 17.75%，说明湖北电商在近些年获得快速发展，2016 年湖北省商务厅发布的《湖北省电子商务"十三五"发展规划》① 提出，要推进农村电子商务建设工程，加强农村电子商务推广行动，解

---

① https://www.gov.cn/xinwen/2016 - 10/25/content_5123900.htm。

决"最后一公里"难题,这些都为农产品流通渠道的转变打下基础。同时,电商企业发展也在稳步推进,2013~2021年,有电子商务交易活动的企业数比重呈现上升趋势,特别是2013~2016年增速较快,2017~2021年则相对较为平稳,但与沿海发达省市相比,湖北省企业触网率明显偏低,湖北电商企业实力有待进一步加强。

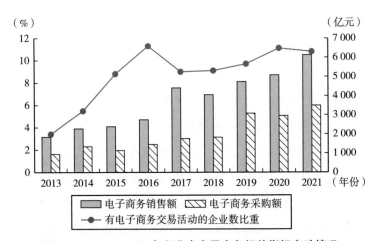

图5-7 2013~2021年湖北省电子商务相关指标变动情况

资料来源:《中国统计年鉴》。

5.2 农产品流通产业发展存在的问题

5.2.1 流通主体组织化程度低

当前,湖北省农产品流通依赖于农户等组织化程度较低的流通主体,特别是在农村"第一公里",流通主体大多为个体农民或小规模农产品生产者,缺乏集中化管理和规模经营。这导致了农产品流通环节的碎片化和分散化,难以形成统一的供应链和品牌体系。由于流通主体多为个体经营或小规模生产者,缺乏专业化的经营和管理能力。先进的物流管理、市场营销和信息技术应用等知识和技能应用的缺乏，导致农产品流通环节的效率和质量较低。
生产者与市场之间的连接较弱，导致产销脱节现象较为普遍。生产者生产的
农产品可能无法及时找到合适的市场，导致农产品滞销和浪费。农民专业合
作社的出现，为小农户融入流通大市场提供路径，但部分合作社内部缺乏规
范的章程和制度，难以组织与协调农户，所以即使是加入农民合作社的农户
仍处于"分散"状态，严重阻碍了农产品流通产业发展和流通效率的提升。

5.2.2　流通客体供需平衡性差

　　湖北省不断推进农产品稳产保供和强化农业高质量发展，农产品种植业
发展水平不断提升，农产品产量不断提升。同时，湖北省农产品消费量也不
断上升，湖北省部分农产品商品零售价格指数呈现较大的波动，某些农产品
具有季节性特征，供需平衡性容易出现波动。在生产旺季，农产品可能供过
于求，价格下降；而在淡季，供应不足，价格上涨，导致季节性波动。农产
品供需平衡性差，导致市场信息不对称。生产者和流通者之间信息传递不畅，
使得生产者很难准确了解市场需求，导致农产品供应与市场需求不匹配。为
解决农产品流通客体供需平衡性差的问题，需要采取一系列的措施，包括加
强市场调查和信息收集，促进信息共享和透明度，鼓励农产品生产者进行精
细化生产和市场调节，提高农产品的质量和附加值，发展多元化的销售渠道，
加强物流和供应链的管理，以确保农产品供需平衡，稳定市场，促进农产品
流通产业的健康发展。

5.2.3　流通载体结构仍需优化

　　湖北省货物周转量呈现上升趋势，在道路货运服务能力以及完善保障体
系建设等方面取得了显著成效，但长江航道"中梗阻"，三峡船闸"卡脖
子"，汉江梯级"断档位"等问题依然存在；农产品运输市场主体"小、散、
弱"现象突出，普通运力相对过剩，规模化、集约化、专业化运营管理缺乏；

公路、水运、铁路货运结构优化空间较大，铁路运输服务有待提效，全省铁路货运量占比低于全国平均水平。同时，农产品流通产业的信息化水平相对较低，缺乏先进的信息技术设备和系统。许多农产品流通环节仍然采用传统的手工记录和沟通方式，缺乏自动化和数字化的管理手段。不同环节的流通主体之间信息传递不及时、不完整，导致信息不对称和信息孤岛等问题出现，这可能影响到农产品的流通效率和质量管理。

5.2.4 流通渠道亟待转型升级

批发零售模式仍为湖北省农产品流通的主要渠道，传统批发零售中存在较多的中间环节，每个环节都会增加成本，使农产品价格层层加码。这使得农产品的成本较高，消费者支付的价格相对较高。同时，物流和仓储管理相对落后，导致农产品的运输速度慢、损耗较大，影响产品的保鲜和品质。农产品生产者、批发商、零售商和消费者之间缺乏及时准确的信息交流，信息传递不畅导致供需信息不匹配，影响产品的价格形成和市场供应。农产品电子商务逐渐兴起，对传统的批发零售模式产生重要影响，农产品电子商务平台直接连接农产品生产者和消费者，去除了传统流通渠道中的中间环节。这使得农产品可以以更加合理的价格出售给消费者，同时也让消费者能够直接购买到来自农场的新鲜产品，但与沿海发达省市相比，湖北省企业电子商务使用率明显偏低。在一些农村地区，网络覆盖和基础设施建设不完善，导致数字鸿沟问题。缺乏稳定的互联网连接和现代化的通信设施，限制了农产品电子商务的发展。推动农产品电子商务的健康发展，促进农产品流通产业的现代化转型，是湖北省农产品流通产业未来发展的重点。

5.3 本章小结

本章主要从流通环境、流通主体、流通客体、流通载体和流通渠道五个方面对湖北省农产品流通产业的发展情况进行分析。从流通环境来看，湖北自然条件优越，适合农产品的种植，湖北省立足本省发展现状，出台多份政策文件支持农产品流通产业发展，为本省农产品流通产业发展营造优良的流通环境；从流通主体来看，农户作为农产品流通体系前端，城乡收入分配差距较大，组织化程度较低阻碍了农产品流通产业发展；从流通客体来看，农产品产量不断增加，但零售价格指数呈现较大的波动，供需平衡性差问题突出；从流通载体来看，农产品运输市场主体"小、散、弱"的现象突出，运输结构优化空间较大，信息化水平相对较低；从流通渠道来看，传统流通渠道中间环节冗余，限制了农产品流通效率提升，同时电子商务使用率明显偏低，有较大提升空间。提出湖北省农产品流通产业发展存在以下四个问题：（1）流通主体组织化程度低；（2）流通客体供需平衡差；（3）流通载体结构仍需优化；（4）流通渠道亟待转型升级。

第6章

湖北省农产品流通效率
及乡村振兴水平评价

农产品流通产业为农业生产与消费之间搭建桥梁，使农产品能够顺畅地流通到市场，满足消费需求。农产品流通效率的提升，成为限制湖北省农产品流通产业发展的关键问题。构建科学的效率评价指标体系，立足城市视角，对湖北省农产品流通效率进行评价，将有助于进一步分析当前湖北省农产品流通产业发展现状。同时，对湖北省乡村振兴水平进行评价，揭示乡村振兴水平及农产品流通效率的区域差异和演进趋势，为全面推进乡村振兴、促进农产品流通效率提升提供借鉴价值，为后面分析农产品流通效率对乡村振兴发展的影响奠定基础。

6.1 指标体系构建及测算方法选择

6.1.1 农产品流通效率测算指标体系的构建

从城市视角进一步对湖北省农产品流通效率进行评价，为保障数据统计口径的一致性与数据的完整性,仅分析湖北省 12 个地级市①,恩施州、仙桃、潜江、天门以及神农架林区不作研究。与第 3 章测度长江经济带各省市农产品流通效率类似,基于投入产出角度构建效率评价指标体系(见表 6 – 1),运用超效率 SBM 模型进行效率测度。

表 6 – 1   湖北省农产品流通效率测算指标体系

指标类型	指标名称	指标说明	单位
投入	人力投入	年末单位从业人员数 $\times N_i$	万人
	资本投入	全社会固定资产投资 $\times N_i$	亿元
	基础设施投入	年末实有城市道路面积/年末总人口数	万平方米/万人
	农产品产量投入	粮食、棉花、油料、蔬菜、水产品、禽蛋总产量	万吨
产出	作业产出	公路货运量 $\times N_i$	万吨
	经济产出	(第一产业生产总值 + 第三产业生产总值) $\times N_i$	亿元
		社会消费品零售总额 $\times N_i$	亿元

注:N_i 为估算系数(N_i = 最终消费率×居民消费占最终消费的比重×恩格尔系数)。

(1)人力投入。选取年末单位从业人员数与估算系数 N_i 的乘积近似表示农产品流通产业的人力投入。

(2)资本投入。选取全社会固定资产投资与估算系数 N_i 的乘积近似表示农产品流通产业的资本投入。

(3)基础设施投入。选取年末实有城市道路面积与年末总人口数的比值来表示。

(4)作业产出。选取公路货运量与估算系数 N_i 的乘积近似表示农产品流通产业的作业产出。

(5)经济产出。选取第一、第三产业生产总值之和与估算系数 N_i 的乘积近似表示农产品流通产业的经济产出。

以上指标所涉及数据均来源于湖北省统计局官网中各地级市的 2011 ~

---

① 具体为:武汉、黄石、十堰、宜昌、襄阳、鄂州、荆门、孝感、荆州、黄冈、咸宁、随州。

2021 年统计年鉴①，其中涉及固定资产投资、生产总值等价格指标，以 2010 年为基期作平减处理。

6.1.2 乡村振兴水平测算指标体系构建与方法选择

（1）指标体系构建的理论依据

进入新时代，我国根据长期以来城乡发展割裂模式影响深远与乡村自身发展内生动力不足的严峻现实，适时性地提出了乡村振兴战略。《乡村振兴战略规划（2018～2022 年）》（简称《规划》)②中指出，乡村振兴战略是一个涉及农村产业兴旺、生态宜居、乡风文明、治理有效和生活富裕"五位一体"的系统工程，如图 6 - 1 所示。乡村振兴战略的提出旨在实现农村全面进步、农民全面发展、农业全面增效的目标，促进城乡经济社会协调发展。实施乡村振兴，产业兴旺是重点，生态宜居是关键，乡风文明是保障，治理有效是基础，生活富裕是根本。

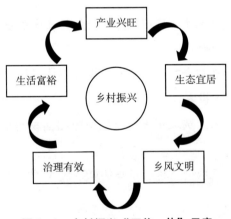

图 6 - 1　乡村振兴"五位一体"示意

---

① http：//tjj. hubei. gov. cn/tjsj/sjkscx/tjnj/gsztj/whs/。

② http：//www. gov. cn/zhengce/2018 - 09/26/content_5325534. htm。

产业兴旺是指通过发展现代农业和乡村产业，促进农村经济的增长和农民收入的提高。作为乡村振兴战略中的重点，其主要目标是推动农业现代化，提高农业生产的科技水平、生产效率和竞争力，包括提高农业生产技术水平、推广农业科技创新、加强农业基础设施建设等。通过引进先进的农业技术和设备，提高农业生产效率和质量，增加农产品附加值。因此，本章主要从农业生产能力出发，参考毛锦凰[14]、徐雪等[24]的研究，用人均农业机械总动力、粮食综合生产能力以及农业劳动生产率来表现产业兴旺。

生态宜居是乡村振兴的关键，主要是指通过保护和改善农村生态环境，建设宜居的乡村生活环境，实现生态文明建设和可持续发展。《规划》明确指出，应通过推进农业绿色发展、持续改善农村人居环境、加强乡村生态保护与修复来建设生态宜居的美丽乡村。生态宜居有利于改进乡村居民生活环境，减少污染，提高人们的生活舒适度，进而留住乡村居民，成为推动乡村可持续发展的重要动力。因此，参考闫周府等[151]、贾晋等[152]的研究，用农药化肥施用量、卫生厕所普及率以及农村绿化率来刻画生态宜居。

乡风文明是乡村振兴的保障，通过开展道德伦理教育、弘扬优秀传统文化、宣传弘扬社会主义核心价值观等活动，引导农民和乡村居民树立正确的价值观念，践行社会主义核心价值观，形成良好的社会风尚。同时，通过丰富农村文化生活、开展文化活动和文化创意产业发展，借助现代信息化工具传承和弘扬乡土文化，激发农民和乡村居民的文化自信，丰富乡村的精神生活。因此，参考陈国生等[153]、鲁邦克等[154]的研究，选择农村居民教育文化娱乐支出占比、有线电视覆盖率以及开通互联网宽带业务的行政村比重来体现乡风文明。

治理有效是乡村振兴的基础，通过建立适应乡村特点的乡村治理体系，完善农村基层自治组织、健全村级组织和村民委员会等乡村治理机制，提高农民参与决策和管理的能力，形成多元参与、权责清晰的乡村治理格局。不断提升农村基层干部的能力素质和专业化水平，加强农村干部队伍建设，引导农村治理向科学化、规范化和专业化方向发展。因此，参考贾晋等[152]、徐雪等[155]、杨阿维等[156]的研究，选择村主任、书记"一肩挑"比例、已编制村庄规划的行政村占比以及已开展村庄整治的行政村占比来反映治理有效。

生活富裕是乡村振兴的根本要求，是乡村振兴的重要目的和最直接的成果体现。通过增加农民收入，改善基础设施，提供教育、医疗、文化等公共服务，农民的生活水平将得到明显提升，生活质量得到改善。同时，通过提高农民收入、改善农村基础设施和公共服务，可以减少城乡收入差距和生活条件的差异，促进城乡资源要素的均衡配置，推动城乡一体化发展，逐步达到共同富裕。因此，参考徐雪等[155]的研究，选择农民人均纯收入、农村居民人均住房面积以及农村每千人拥有卫生技术人员数来衡量生活富裕。

乡村振兴战略的五位一体之间存在密切的联系和相互促进的关系，彼此相互支持和相互作用，共同构建了一个协同推进的整体框架。乡村振兴不是简单的某一部分振兴，而是五大层面齐头并进的振兴。这五个方面之间存在相互依存、相互支撑和相互促进的关系，共同推动了农业农村的综合发展。乡村振兴战略的五位一体，实现了经济、生态、社会和民生之间的有机融合。这种综合发展的模式不仅促进了农村经济的繁荣和农民生活水平的提升，同时也推动了乡村社会的和谐稳定以及乡村文化的传承和创新。

（2）指标体系构建以及数据来源

基于前文理论分析，构建乡村振兴评价指标体系（见表6-2），除农药、化肥施用量为负向指标外，其余指标均为正向指标。测度对象为湖北省12个地级市2011~2021年乡村振兴水平。数据主要来源于2012~2022年《中国城市统计年鉴》《中国城乡建设统计年鉴》《中国农村统计年鉴》，湖北省统计局官网、湖北省县市统计数据库及EPS数据平台。

表6-2　　　　　　　　　　　乡村振兴评价指标体系

一级指标	二级指标	属性	权重
产业兴旺	x_1：人均农业机械总动力（千瓦）	正向	0.06
	x_2：粮食综合生产能力（万吨）	正向	0.06
	x_3：农业劳动生产率（元/人）	正向	0.07

续表

一级指标	二级指标	属性	权重
生态宜居	x_4：农药、化肥施用量（万吨）	负向	0.05
	x_5：卫生厕所普及率（%）	正向	0.05
	x_6：农村绿化率（%）	正向	0.06
乡风文明	x_7：农村居民教育文化娱乐支出占比（%）	正向	0.09
	x_8：有线电视覆盖率（%）	正向	0.07
	x_9：开通互联网宽带业务的行政村比重（%）	正向	0.06
治理有效	x_{10}：村主任、书记"一肩挑"比例（%）	正向	0.09
	x_{11}：已编制村庄规划的行政村占比（%）	正向	0.07
	x_{12}：已开展村庄整治的行政村占比（%）	正向	0.07
生活富裕	x_{13}：农民人均纯收入（元）	正向	0.07
	x_{14}：农村居民人均住房面积（平方米）	正向	0.06
	x_{15}：农村每千人拥有卫生技术人员数（人）	正向	0.07

（3）测算方法选择

对多指标进行综合评价的方法主要涵盖熵值法、主成分分析、层次分析法等，这些综合评价方法各有优缺点。主成分分析能够将原始数据的维度降低，有助于减少数据的复杂性和冗余性，便于后续分析和可视化，但主成分分析通过线性变换将原始数据映射到主成分空间，这可能导致一些非线性结构和特征的丢失，并且主成分分析对数据的标准化要求较高。层次分析法具有较高的灵活性，可以适应不同类型的决策问题和决策场景，但层次分析法在构造判断矩阵和进行权重计算时主观性较大，需要依赖于决策者的主观判断和偏好。熵值法作为一种客观赋权方法，能够客观、合理地确定指标的权重，充分考虑指标的差异和贡献度，以此提高综合评价的准确性和科学性而被多数研究所采用，但熵值法常用于截面数据，鲜有用于分析面板数据，导致评价对象不能在时间层面进行对比。为保障湖北省各市乡村振兴水平能跨年对比分析，本章将熵值法拓展为全局参比，并在全局熵值法计算权重的基础上，参考匡海波等[157]的研究引入 TOPSIS 法（Technique for Order Preference by Similarity to Ideal Solution）对湖北省各市乡村振兴水平进行评价，能够提高评价结果的客观性和可靠性，从而得出更具有实际意义的乡村振兴水平评价结果。全局熵权 TOPSIS 法具体步骤如下：

①全局熵值法计算权重。

步骤1：用 n 个变量对 t 年内 m 个地区的乡村振兴水平进行评价，每年有一张截面数据表 $X^t = (X_{ij})_{m \times n}$，$t$ 年共有 t 张截面数据表，引入全局思想将这 t 张表格按照时间顺序从上到下排列在一起，构成一个 $mt \times n$ 的全局评价矩阵，记为：

$$X = (X^1, X^2, \cdots, X^t)'_{mt \times n} = (X_{ij})_{mt \times n} \tag{6-1}$$

步骤2：指标标准化。正向指标采用式（6-2）、负向指标采用式（6-3），对各二级指标进行标准化处理，为防止结果 0 出现，对数据整体平移 0.0001 个单位。具体的计算公式如下：

$$x'_{ij} = \frac{x_{ij} - \min x_{ij}}{\max x_{ij} - \min x_{ij}} + 0.0001 (1 \leqslant i \leqslant mt, \ 1 \leqslant j \leqslant n) \tag{6-2}$$

$$x'_{ij} = \frac{\max x_{ij} - x_{ij}}{\max x_{ij} - \min x_{ij}} + 0.0001 (1 \leqslant i \leqslant mt, \ 1 \leqslant j \leqslant n) \tag{6-3}$$

步骤3：确定信息熵。

$$H_j = -\frac{1}{\ln mt} \sum_{i=1}^{mt} \frac{x'_{ij}}{\sum_{i=1}^{mt} x'_{ij}} \ln \left(\frac{x'_{ij}}{\sum_{i=1}^{mt} x'_{ij}} \right) (1 \leqslant i \leqslant mt, \ 1 \leqslant j \leqslant n) \tag{6-4}$$

步骤4：计算差异系数。

$$G_j = 1 - H_j \tag{6-5}$$

步骤5：计算指标权重。

$$W_j = \frac{G_j}{\sum_{j=1}^{n} G_j} (1 \leqslant j \leqslant n) \tag{6-6}$$

②TOPSIS 计算贴近度。

步骤1：计算加权矩阵。

$$Q_{ij} = x'_{ij} \times W_j (1 \leqslant i \leqslant mt, \ 1 \leqslant j \leqslant n) \tag{6-7}$$

步骤2：计算优劣解。

$$最优解\ a^* = \max Q_{ij} = \{a_1^*,\ a_2^*,\ \cdots,\ a_n^*\} \tag{6-8}$$

$$最劣解\ a^o = \max Q_{ij} = \{a_1^o,\ a_2^o,\ \cdots,\ a_n^o\} \tag{6-9}$$

步骤 3：计算贴近度。

$$与最优解距离\ d_i^* = \sqrt{\sum_{j=1}^{n}(Q_{ij}-a^*)^2} \tag{6-10}$$

$$与最劣解距离\ d_i^o = \sqrt{\sum_{j=1}^{n}(Q_{ij}-a^o)^2} \tag{6-11}$$

$$相对贴近度即综合得分为 D_i = \frac{d_i^o}{d_i^o+d_i^*},\ 1\leqslant i\leqslant mt \tag{6-12}$$

6.2　湖北省农产品流通效率评价

6.2.1　超效率 SBM 模型分析结果

基于超效率 SBM 模型，对收集的原始数据进行测算，得出 2011～2021 年湖北省 12 市农产品流通效率（见表 6-3）。

表 6-3　　　　　　　　　湖北省 12 市农产品流通效率

12 市	2011 年	2012 年	2013 年	2014 年	2015 年	2016 年	2017 年	2018 年	2019 年	2020 年	2021 年
武汉	0.70	0.69	0.69	0.73	0.76	0.81	0.88	0.91	1.07	1.01	1.10
黄石	1.04	1.01	0.87	0.64	0.61	1.00	0.74	1.01	0.77	0.67	1.01
十堰	1.05	0.88	0.74	0.61	0.59	0.62	0.60	0.55	0.61	0.76	0.46
宜昌	0.72	0.66	0.58	0.46	0.44	0.45	0.55	0.65	0.70	1.02	1.04
襄阳	1.02	0.85	0.79	1.02	1.01	0.79	0.89	0.95	1.05	0.89	1.14
鄂州	1.11	0.70	0.57	0.45	0.40	0.42	0.46	0.48	0.48	1.06	1.07
荆门	1.05	1.02	1.00	0.54	0.53	0.39	0.35	0.37	0.38	0.41	1.37
孝感	1.02	0.61	0.53	0.42	0.36	0.36	0.41	0.43	0.42	0.48	0.54
荆州	1.03	1.01	0.77	0.75	0.76	0.80	0.85	1.00	1.09	1.04	0.87

续表

12 市	2011 年	2012 年	2013 年	2014 年	2015 年	2016 年	2017 年	2018 年	2019 年	2020 年	2021 年
黄冈	1.06	1.02	0.68	0.67	0.67	0.72	0.78	1.29	0.84	1.02	1.07
咸宁	1.10	1.00	1.02	0.84	1.00	1.08	0.78	0.89	1.11	1.06	0.64
随州	1.17	0.83	0.77	0.77	1.01	1.01	1.00	1.01	1.06	1.01	0.94

6.2.2　流通效率的地区差异分析

根据表 6-3 的效率测度结果，绘制湖北省 12 市农产品流通效率年均值排名情况图，如图 6-2 所示。

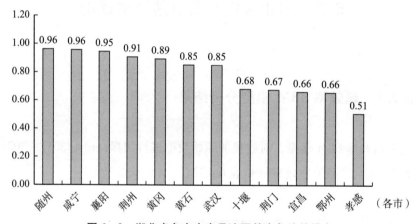

图 6-2　湖北省各市农产品流通效率年均值排名

注：笔者根据测度结果汇制。

根据图 6-2，湖北省各市农产品流通效率年均值总体可划分为两类，第一类为随州、咸宁、襄阳、荆州、黄冈、黄石以及武汉，这一类城市农产品流通效率年均值均超过 0.8，处于较高水平，这些城市主要分布在湖北省东部和北部地区。2012 年湖北省政府发布的《省人民政府关于印发湖北省主体功能区规划的通知》中指出：构建以"一主两副、两纵两横"为主体的城市化战略格局。武汉市作为国家京广铁路复合轴与长江复合轴节点城市，规划中明确强调应当率先发展武汉，重点推进武汉城市圈建设，带动鄂东地区和江汉平原发展，进而带动江汉平原综合农业区发展。同时，襄阳作为省级汉十高速公路复合轴与焦柳铁路复合轴节点城市，应当加快发展，以形成襄十随城市群，推动鄂北岗地旱作农业区发展。以国家层面农产品主产区为依托，经过数年发展，鄂北和鄂东大部分城市均有较高的农产品流通效率。第二类为十堰、荆门、宜昌、鄂州以及孝感，相比于第一类城市，以上城市农产品流通效率年均值均低于0.7，效率值不高，这些城市主要分布在湖北省中部和西部地区，其中宜昌作为国家一横与省级一纵的节点城市，同时也处于鄂西山区林特发展区，农产品流通效率年均值不高，可能原因是本研究测度效率值所使用的数据不包含林特产业，只包含数据完整的粮食、棉花、油料、蔬菜、水产品、禽蛋等农产品。

6.2.3　流通效率的可视化分析

进一步探究农产品流通效率均值空间分布的演化情况。根据测算结果，通过 ArcGIS 软件，采用自然断点法，分别绘制了 2011～2015 年、2016～2021 年湖北省 12 市农产品流通效率年均值的地区分布图，如图 6-3 所示，（a）图为 2011～2015 年湖北省 12 市农产品流通效率年均值的空间动态演进图，（b）图为 2016～2021 年湖北省 12 市农产品流通效率年均值的空间动态演进图。

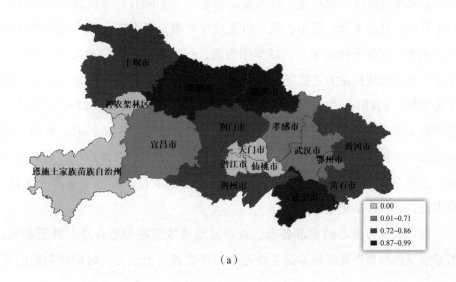

（a）

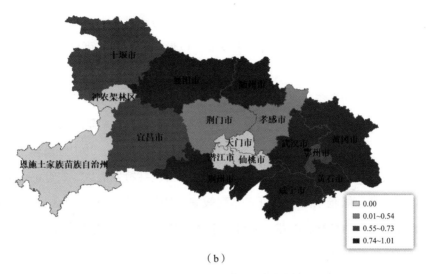

（b）

图 6 - 3 2011 ~ 2015 年与 2016 ~ 2021 年湖北省农产品流通效率均值空间分布演化情况

注：该图基于国家测绘地理信息局标准地图服务网站下载的审图号为 GS（2019）1822 的标准地图制作。

　　总体上看，湖北省城市之间农产品流通效率发展水平仍存在较为显著的非均衡态势。农产品流通效率空间分布由襄阳、随州、咸宁的南北引领型，逐步转为南北、东南多市齐头并进的发展态势，湖北省农产品流通效率不断上升，效率高值区持续拓宽，这与湖北省近些年加强农产品流通产业建设是分不开的。具体来看，襄阳、随州以及咸宁在整个研究期内农产品流通效率发展水平一直处于较高水平。以襄阳为例，作为湖北省的农业大市，襄阳以实现农业农村现代化为主抓手，先后出台《培育壮大农业产业化龙头企业的实施意见》《襄阳市"十四五"推进农业农村现代化规划（2021—2025 年)》等政策支撑文件，有力促进和推动了襄阳农业产业链发展。同时，襄阳立足本市农业农村现实和发展形势，通过深耕粮食、蔬菜、道地药材、茶叶等十大农业产业，依托产业创新、龙头培育以及金融支持，打造农业产业集群，有力促进了农产品流通效率。

　　而以武汉为核心的东部各市，农产品流通效率逐步增长并上升至前列，形成明显的积聚发展特征。这主要是因为湖北省"十三五"时期所制定的顶层规划，其中《湖北省现代物流业发展"十三五"规划》中特别强调，要以武汉为核心打造武汉物流圈，辐射城市圈及周边省市，同时推动湖北省农产品现代物流设施建设，打造农产品物流工程。在此背景下，湖北省日益完善物流基础设施，不断加深物流与产业经济融合发展，武汉、襄阳、鄂州等入选国家物流枢纽承载城市名单，黄石、咸宁入选全国第二批示范城市，为农产品流通效率提升打下坚实基础。

6.2.4 流通效率演变的分布动态

借助 Kernel 密度估计对湖北省农产品流通效率的分布特征进行刻画，重点阐述密度曲线的分布位置、波峰、延展性等属性，结果如图 6 - 4 所示。

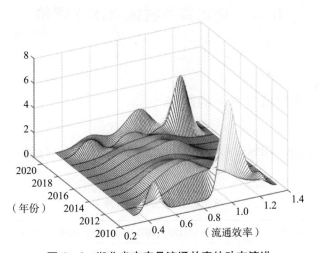

图 6 - 4 湖北省农产品流通效率的动态演进

注：笔者借助 MATLAB 软件制作。

图 6 - 4 从整体上描述了湖北省 12 市农产品流通效率在样本观测期内的分布动态演进趋势。首先，观测期内湖北省 12 市农产品流通效率总体分布曲线中心以及变化区间呈现先左移后逐步右移的动态趋势，其主峰高度呈现先下降后上升态势，且曲线宽度在观察期末有小幅度的收窄，这说明湖北省 12

市农产品流通效率趋于明显上升趋势，其绝对差异存在一定幅度的缩小趋势。同时，还可明显观测到，湖北省12市农产品流通效率分布曲线拖尾现象不太明显，其分布延展性在一定程度上没有拓宽趋势，这意味着湖北省12市农产品流通效率高的省份与农产品流通效率低的省份之间的差距均有一定程度的缩小，只是缩小幅度并不大。另外，具体就其波峰演变进程来看，湖北省总体农产品流通效率分布经历了"双峰—单峰—双峰"的演变过程。其中双峰主要出现在2011年和2021年，这两年湖北省整体农产品流通效率较高，但存在明显的两极分化现象，说明湖北省各市在提升农产品流通效率的同时不能忽视效率的均衡发展，低效率城市要立足本省发展优势，缩小与高效率城市之间的差距。

6.3　湖北省乡村振兴水平评价

6.3.1　乡村振兴水平的测度

运用全局熵权TOPSIS法对湖北省12市乡村振兴水平进行测度（见表6-4）。

表6-4　　　　　　　　　湖北省12市乡村振兴水平

12市	2011年	2012年	2013年	2014年	2015年	2016年	2017年	2018年	2019年	2020年	2021年
武汉	0.26	0.34	0.41	0.52	0.46	0.49	0.47	0.65	0.66	0.57	0.54
黄石	0.34	0.28	0.37	0.39	0.45	0.58	0.52	0.49	0.48	0.62	0.73
十堰	0.24	0.24	0.40	0.38	0.53	0.38	0.50	0.46	0.71	0.56	0.54
宜昌	0.22	0.40	0.45	0.37	0.37	0.49	0.60	0.49	0.47	0.53	0.70
襄阳	0.32	0.46	0.34	0.41	0.41	0.65	0.47	0.59	0.58	0.57	0.64
鄂州	0.24	0.28	0.35	0.52	0.50	0.38	0.52	0.65	0.63	0.67	0.67
荆门	0.24	0.31	0.38	0.44	0.47	0.51	0.47	0.48	0.64	0.65	0.63

续表

12市	2011年	2012年	2013年	2014年	2015年	2016年	2017年	2018年	2019年	2020年	2021年
孝感	0.24	0.29	0.30	0.40	0.45	0.46	0.61	0.55	0.52	0.73	0.64
荆州	0.30	0.42	0.42	0.31	0.34	0.46	0.40	0.45	0.62	0.64	0.49
黄冈	0.34	0.30	0.25	0.30	0.52	0.54	0.43	0.45	0.74	0.52	0.75
咸宁	0.35	0.27	0.42	0.36	0.41	0.43	0.56	0.48	0.74	0.61	0.61
随州	0.39	0.35	0.37	0.37	0.31	0.44	0.45	0.49	0.54	0.56	0.66
平均值	0.29	0.33	0.37	0.40	0.44	0.48	0.50	0.52	0.61	0.60	0.63

6.3.2　乡村振兴水平的时序性分析

根据表6-4的效率测度结果，绘制湖北省乡村振兴年均值变化趋势图，如图6-5所示。由图6-5可知，随着湖北省加快实施乡村振兴战略，乡村振兴水平年均值不断上升，年均增长率达到8.06%。除2020年略有下降外，其余年份均呈现持续上升趋势。其中，2018～2019年上升速率最快，主要因

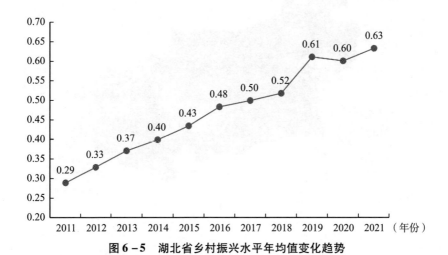

图6-5　湖北省乡村振兴水平年均值变化趋势

注：笔者根据测算数据自制。

为党的十九大报告提出乡村振兴战略后，2018 年湖北省印发实施《湖北省乡村振兴战略规划》，为乡村振兴战略提供了行动指南。同时，2020 年，湖北省又率先出台《乡村振兴促进条例》，从法规制度层面引领乡村振兴，保障了疫情期间农业农村发展和乡村振兴战略的推进。在湖北省委省政府的顶层规划下，湖北省守好"三农"基本盘，持续推动经济社会协调发展和乡村居民增收致富。可以预见的是，湖北省乡村振兴水平将会持续上升。

6.3.3 乡村振兴水平的可视化分析

根据测算结果，通过 ArcGIS 软件，采用自然断点法，分别绘制了 2011~2015 年、2016~2021 年湖北省 12 市乡村振兴水平年均值的地区分布图，如图 6-6 所示，（a）图为 2011~2015 年湖北省 12 市乡村振兴水平年均值的空间动态演进图，（b）图为 2016~2021 年湖北省 12 市乡村振兴水平年均值的空间动态演进图。

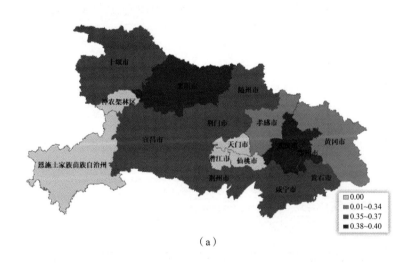

（a）

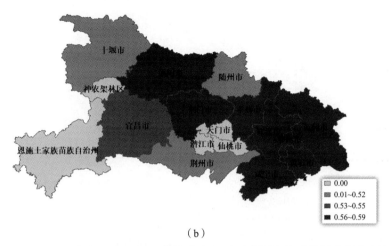

（b）

图6-6　2011~2015年与2016~2021年湖北省12市乡村振兴水平均值空间分布演化情况

注：该图基于国家测绘地理信息局标准地图服务网站下载的审图号为 GS（2019）1822 的标准地图制作。

总体上看，湖北省各市之间乡村振兴水平也存在较为显著的非均衡态势。乡村振兴水平均值空间分布由武汉、鄂州、襄阳引领型，逐步转为多市同时高水平发展的趋势。湖北省乡村振兴水平不断上升，乡村振兴水平高值区持续拓宽，这与湖北省近些年不断推进乡村振兴战略是分不开的。具体来看，2011~2015年乡村振兴水平均值处于第一梯队的城市为农业大市襄阳和省会武汉以及鄂州；2016~2021年乡村振兴水平均值处于第一梯队的城市拓展为8个城市，主要分布在湖北东中部地区。随着湖北省加强农业综合生产能力、乡风文明、农村居民收入等方面的建设，乡村振兴战略的实施不断加快、农业农村现代化持续稳步推进。

6.3.4　乡村振兴水平演变的分布动态

借助 Kernel 密度估计对湖北省乡村振兴水平的分布特征进行刻画，重点阐述密度曲线的分布位置、波峰、延展性等属性，结果如图6-7所示。

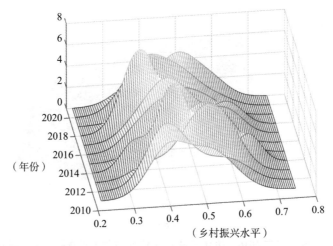

图 6 - 7　湖北省乡村振兴水平的动态演进

注：笔者借助 MATLAB 软件制作。

图 6 - 7 从整体上描述了湖北省 12 市乡村振兴水平在样本观测期内的分布动态演进趋势。首先，观测期内湖北省 12 市乡村振兴水平总体分布曲线中心以及变化区间呈现先右移后略微左移，最后逐步右移的动态趋势，观察期末曲线相比初期明显右移，其主峰高度呈现先上升后小幅度下降态势，且曲线宽度在观察期末有小幅度的收窄，这说明湖北省 12 市乡村振兴水平趋于明显上升趋势，其绝对差异存在一定幅度的缩小趋势。同时，还可明显观测到，湖北省 12 市乡村振兴水平分布曲线拖尾现象不太明显，其分布延展性在一定程度上没有拓宽趋势，这意味着湖北省 12 市乡村振兴水平高的省份与乡村振兴水平低的省份之间的差距均有一定程度的缩小。另外，具体就其波峰演变进程来看，总体经历了"双峰—单峰"的演变过程。观察初期以双峰为主，观察期末为单峰。说明湖北省乡村振兴水平两极化现象逐渐衰退，乡村振兴发展逐渐均衡。

6.3.5　乡村振兴发展的障碍因子分析

为了进一步确定湖北省各个城市乡村振兴发展过程中的阻碍因素，本章利用障碍度模型［见式（4-5）］进行了分析（见表6-5）。

表6-5　　　　　　　　　湖北省乡村振兴各维度的障碍因子

12市	产业兴旺	生态宜居	乡风文明	治理有效	生活富裕
武汉	1.95	1.92	2.39	2.52	2.23
黄石	2.07	1.91	2.06	2.73	2.23
十堰	1.93	2.00	2.27	2.65	2.15
宜昌	1.90	1.71	2.42	2.67	2.29
襄阳	1.91	1.94	2.17	2.63	2.35
鄂州	1.77	2.08	2.48	2.47	2.20
荆门	2.11	1.80	2.22	2.61	2.27
孝感	1.94	1.92	2.53	2.38	2.23
荆州	1.97	1.67	2.37	2.75	2.24
黄冈	2.09	2.09	2.64	2.20	1.99
咸宁	2.07	1.89	2.06	2.61	2.37
随州	2.02	1.60	2.28	2.85	2.25
均值	1.98	1.88	2.32	2.59	2.23

　　总体上看，乡村振兴各维度障碍因子均值排名为治理有效＞乡风文明＞
生活富裕＞生态宜居＞产业兴旺，治理有效成为乡村振兴发展最重要的障碍
因素，随着湖北省大力推进农村产业发展，产业兴旺的障碍因子则排名最后，
不是阻碍乡村振兴的关键因素。从产业兴旺的障碍因子来看，排名前3位的
城市分别为荆门、黄冈、黄石以及咸宁（黄石和咸宁障碍因子相等，均为第3
位），这些城市需要进一步发展农村产业，推动农村产业兴旺；从生态宜居的
障碍因子来看，排名前3位的城市分别为黄冈、鄂州以及十堰，这些城市要
提升乡村居民生活环境质量，提高生活舒适度和宜居度，为乡村振兴提供促
进动力；从乡风文明的障碍因子来看，排名前3位的城市分别为黄冈、孝感
以及鄂州，乡风文明是促进乡村振兴的精神动力，有利于提高农村居民的精
神生活品质，这些城市可以在农村加大宣传，推广居民教育文化娱乐活动，

推动乡风文明建设；从治理有效的障碍因子来看，排名前 3 位的城市分别为黄石、随州以及荆州，治理有效作为乡村振兴最重要的障碍因素，其他城市的障碍因子也相对较高，治理有效充分体现了地方政府在乡村振兴中发挥的作用，各个城市应加强农村基层治理水平，推动乡村振兴；从生活富裕的障碍因子来看，排名前 3 位的城市分别为襄阳、咸宁以及宜昌，生活富裕也是乡村振兴的重要目的和最直接的成果体现，生活富裕障碍因子较高，会直接影响农村居民的消费和收入水平，影响农村居民的生活幸福感，对乡村振兴产生障碍。

6.4　本章小结

　　本章主要对湖北省 12 个地级市的农产品流通效率与乡村振兴水平进行评价。一方面，构建效率评价的投入产出指标体系，并对湖北省 12 市农产品流通效率的城市差异、空间分布及动态演进进行分析。结果表明，湖北省各市农产品流通效率主要可以分为两类：第一类城市主要分布在湖北省东部和北部地区，具有较高农产品流通效率；另一类城市主要分布在湖北省中部和西部，流通效率相对偏低。空间分布更加清晰，表明湖北省城市之间农产品流通效率发展水平存在较为显著的非均衡态势。从动态演进来看，湖北省整体农产品流通效率存在明显的两极分化现象，亟待缩小城市之间的效率差距。另一方面，从产业兴旺、生态宜居、乡风文明、治理有效和生活富裕五个维度构建乡村振兴评价指标体系。根据测度结果，除 2020 年略有下降外，其余年份乡村振兴水平均呈现持续上升趋势，同时湖北省城市之间乡村振兴水平由武汉、鄂州、襄阳引领型转为多城市共同高水平发展的趋势，与农产品流通效率不同的是，湖北省乡村振兴水平两极化现象逐渐衰退，乡村振兴发展逐渐均衡。

第 7 章

湖北省农产品流通效率
对乡村振兴水平的影响分析

　　湖北省农产品流通效率和乡村振兴水平展现出各自的发展态势，对农产品流通效率和乡村振兴水平的评价难以揭示两者之间的内在联系。在推进乡村振兴战略的过程中，提升农产品流通效率将如何影响乡村振兴水平发展，这需要充分分析两者之间的内在机制，并通过构建准确的实证模型进行检验，以此凸显实施乡村振兴战略背景下，提升农产品流通效率的必要性。

7.1　理论分析与研究假设

7.1.1　农产品流通效率对乡村振兴的两面性影响

　　农产品流通效率的提升对乡村振兴具有重要的功能和意义，但农产品流通效率对乡村振兴的影响并非简单的线性作用，在促进农村经济发展的同时，提升农产品流通效率会在某些方面挤兑乡村振兴的发展资源，从而带来一些潜在的负面影响。而提升农产品流通效率也会助力乡村振兴，并具有其内在的助推机制。

（1）助推效应

提升农产品流通效率具有发展产业、提升收入、吸引人才、改善生态、完善组织等多重功能。这些功能契合振兴产业、共同富裕、振兴人才、可持续发展、产业链协同等目标。因此，在推进乡村振兴战略的过程中，农产品流通效率的提升能助推农业农村发展，而伴随着乡村振兴战略的全面推进，需要实现乡村与城市之间的要素融合与交流，从而为农产品流通提效提供契机。本章构建"功能—机制—目标"分析框架，详细探究农产品流通效率助推乡村振兴的内在机制，如图7-1所示。其中，功能是提升农产品流通效率所带来的作用，并为实现目标提供工具和手段；机制是将提升农产品流通效率的功能分解成若干任务，为创造完成目标的先决条件；目标是农产品流通效率助推乡村振兴的产物，也是提升农产品流通效率所带来的功能和机制有效性的最终体现。

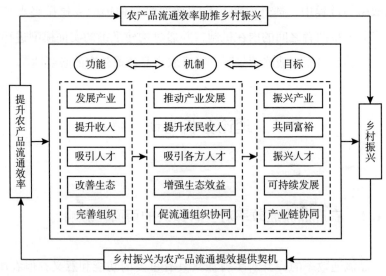

图7-1　农产品流通效率助推乡村振兴的内在机制

注：笔者整理相关资料自制。

①助力产业振兴。

乡村振兴的基础是产业振兴，产业振兴指的是通过发展和壮大乡村地区的产业，推动乡村经济的发展，提高农民收入水平，实现乡村振兴的目标。产业振兴重点在于发展现代农业，提高农业生产效率和产品质量，推动农业向高效、绿色、可持续方向发展。同时，实现产业振兴要鼓励和支持乡村地区发展适应当地资源和市场需求的非农产业，如工业、制造业、物流、旅游、文化创意产业等。作为涉及商品流通和物流配送等环节的流通产业，提升农产品流通效率能够助力产业振兴。一方面，提高农产品流通效率可以更快地将农产品从农田运送到市场，减少物流时间和损耗，确保农产品的新鲜度和品质。这有助于鼓励农民增加农产品的生产，提高产量和供应能力，满足市场需求，促进农业产业的发展。另一方面，高效的农产品流通可以加快农产品的销售速度和范围，拓宽销售渠道。通过建立健全的物流网络和销售体系，农产品可以更广泛地进入城市市场、超市、餐饮业等消费领域，增加销售机会，提高农产品的市场占有率和竞争力。同时，流通产业作为第三产业，在与农业的衔接过程中，能够促进农村三产融合发展，推动产业结构优化升级，从而助力乡村振兴。

②助力共同富裕。

生活富裕是乡村振兴的根本要求。推动乡村振兴战略，旨在提升农民的收入水平、改善生活条件和福利待遇，满足农民的获得感和幸福感。而提升农产品流通效率，使得农产品在城乡之间的流动速度和范围变大，为农民带来更好的经济收益，有利于助力共同富裕。一方面，流通效率的提升可以加强农产品的市场竞争力，使农产品更加具有吸引力和竞争力。这有助于增加农产品的销售额和利润，从而为农民提供更多的收入机会，促进农民的财富增长。另一方面，提升农产品流通效率可以拓展农产品的市场覆盖范围，使农产品能够更广泛地进入城市和其他地区的市场。通过建立更有效的流通网络和销售渠道，农产品可以迅速到达消费者手中，满足市场需求，提高农产品的销售量和收益，从而促进共同富裕的实现。总之，提升农产品流通效率可以促进共同富裕的实现，通过增加农民的收入机会以及扩大市场范围，为农民带来更好的经济收益，推动农村经济的发展和农民生活水平的提升。

③助力人才振兴。

人才是引领农村发展的第一资源。由于农村的发展相对滞后，许多年轻人和有技能的劳动力选择离开农村寻求更好的机会和生活条件，导致农村地区面临人才流失的问题，同时农村地区的教育资源相对匮乏，人才培养和教育水平较低，这些现实问题都给农村地区吸引、培养和留住高素质人才带来了挑战。而提升农产品流通效率可以促进农村人才队伍建设，助力人才振兴。首先，改善农产品流通效率需要提升农产品的销售渠道、物流运输和市场拓展能力，这个过程中可以为农产品流通领域提供更多就业岗位，也给农村带来更多的就业机会，以此吸引和留住人才。其次，提升农产品流通效率需要从业人员具备相关的专业知识和技能，农村地区需要加强对人才的培养和培训，提高其在农产品流通领域的专业素养和能力。综上所述，提升农产品流通效率对农村地区人才培养具有重要作用。它不仅为当地居民提供了就业机会，还促进了从业人员专业知识和技能的培养与提升。

④助力可持续发展。

绿色、可持续发展是高质量发展的重要议题。通过保护和改善农村生态环境，建设宜居的乡村生活环境，实现生态文明建设和可持续发展是乡村振兴的关键。农产品流通过程中需要依赖交通、物流、冷链等基础设施，以保证产品质量和效率。然而，许多农村地区的基础设施建设相对滞后，交通不便、物流配套不足，限制了农产品流通的可持续发展。同时，农产品流通过程中包装材料的过度使用、尾气排放、消耗电力和化石能源等问题可能会导致环境污染和资源浪费，对环境造成负面影响。解决环境污染和资源浪费问题是农产品流通可持续发展的重要挑战。提升农产品流通效率可以减少资源的浪费和环境的负担。通过优化物流和配送系统，减少农产品在运输、储存和销售过程中的能耗和损耗，从而降低对土地、水资源和能源的需求，减少环境污染和碳排放，实现农村可持续发展。

⑤助力产业链协同。

农产品流通产业链协同对乡村振兴具有重要意义，提升产业链协同程度，可以促进农产品生产、加工、流通和销售环节的协调配合，实现资源的优化配置。通过流通各环节的有序衔接和协同作用可以减少信息不对称、减少中间环节和资源的浪费，提高资源利用效率，促进乡村产业的发展。当前，农产品流通产业链中各环节之间缺乏统一规划和整合，信息传递不畅、资源利用不充分问题突出。由于缺乏统一的管理和协调机制，各环节之间缺乏有效的沟通和协作，影响了整个产业链的效益。提升农产品流通效率能够完善流通组织，进而助力农产品流通产业链协同发展。一方面，提升农产品流通效率可以促进农村组织之间的合作和互助。通过建立农民专业合作社等组织形式，可以共享农产品物流和市场资源，实现农业规模化经营和资源整合，提高农产品的流通效率和经济效益。另一方面，提升农产品流通效率，要求合理规划和布局农产品流通渠道，开拓新的市场和销售渠道，提高流通组织的市场覆盖和销售能力。同时，加强与农户和市场主体的合作，建立长期稳定的合作关系，推动农产品的有效流通和市场化运作。可以说，通过提升农产品流通效率将有助于产业链不同主体之间的衔接，进而促进农产品流通产业链协同度，提升产业链韧性。

（2）抑制效应

尽管提升农产品流通效率对乡村振兴有许多积极影响，但也可能带来一些潜在的负面影响，抑制乡村振兴的发展。一方面，提升农产品流通效率需要增加人、财、物的投资以及引入先进技术和设备，面对资源相对有限的现状，提升农产品流通效率消耗的资源，会对乡村振兴的发展产生"挤兑效应"。同时，农产品流通效率提升后，农产品的流通速度加快，市场供求关系更加敏感，导致农产品价格波动加剧。将给农民带来经济上的不确定性，特别是当农产品价格下跌时，农民的收入可能受到冲击。另外，为提高流通效率，部分地区会忽视农产品流通质量。一些流通环节可能会存在农产品损耗加大、保鲜处理不当以及质量控制问题。农产品质量的下降，会使消费者信任度降低，从而影响农产品的市场竞争力和消费者需求，对乡村振兴产生负向效应。

虽然农产品流通效率提升的过程中会对乡村振兴发展产生抑制效应，但这种抑制是短期的。在流通效率提升初期，需要对资源进行整合和重组，淘汰传统的流通渠道和中间环节，但随着农村产业发展的日益成熟以及流通组织的完善，长期来看，提升农产品流通效率最终会对乡村振兴产生积极的促进效应。

7.1.2 数字经济的发展赋能农产品流通效率提升

《中共中央、国务院关于做好 2022 年全面推进乡村振兴重点工作的意见》强调要大力推进数字乡村建设，推动农业农村数字化转型。在此大背景下，数字经济的发展在赋能乡村振兴以及农产品流通效率促进乡村振兴的过程中产生积极作用。

首先，数字经济技术的应用可以实现农产品流通信息的快速传递和共享。通过建立电子商务平台、物联网技术和大数据分析等手段，农产品的生产、加工、销售等环节可以更加高效地进行信息交流和协调，减少信息不对称和流通过程中的误差，提高农产品流通的效率和可靠性。其次，数字经济提供了新的农产品销售渠道和模式，如电子商务、在线直播销售等。这些新型销售渠道可以突破地域限制，将农产品推广到更广泛的消费者群体中，提高销售量和价格，增加农民的收入。再次，数字经济技术的应用可以优化农产品的物流和配送过程。通过智能物流系统、无人机、自动化设备等，可以实现农产品的快速、安全和精确配送，减少中间环节和人力成本，提高物流效率和服务质量。最后，数字经济提供了大数据分析和人工智能等技术，可以对农产品流通过程中的数据进行深入分析和挖掘。通过对市场需求、消费者偏好、供应链状况等数据的分析，农产品的生产、流通和营销策略可以更加精准和科学，提高农产品的质量和竞争力。

综上所述，数字经济的发展为农产品流通效率的提升提供了新的机遇和工具。通过数字技术的应用，可以实现信息传递的高效、销售渠道的拓展、物流和配送的优化以及数据驱动决策的精准性，进一步提升农产品流通效率，推动乡村振兴。

7.1.3 研究假设

根据前文理论分析，本章从数字经济、产业发展以及收入提升三个视角出发，分析农产品流通效率对乡村振兴水平的影响机制，如图7-2所示。

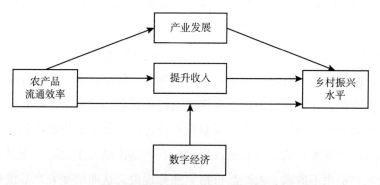

图7-2 农产品流通效率对乡村振兴水平的影响机制

注：笔者整理相关资料自制。

在农产品流通产业发展初期，由于资源"挤兑效应"等问题的存在，会抑制乡村振兴的发展。随着农产品流通各个环节的发展日趋成熟，此时农产品流通效率的提升将会促进乡村振兴水平。基于此，本研究提出假设1。

假设1：农产品流通效率与乡村振兴水平之间是非线性的"U"形关系。

数字经济的发展，能够影响农产品流通效率与乡村振兴水平之间的关系。在农产品流通效率抑制乡村振兴发展时，通过快速传递和共享农产品流通信息，可以加强流通环节的衔接度。同时借助大数据分析技术，可以帮助农民制订更加合理的生产计划，追踪农产品的生产、流通和销售信息，能有效缓解"挤兑效应"等问题的发生。在农产品流通效率促进乡村振兴发展时，数字经济又能进一步提供更多的信息和技术手段，促进农产品的流通效率提升，推动乡村振兴。基于此，本研究提出假设2。

假设2：数字经济在农产品流通效率影响乡村振兴水平的过程中具有调节效应。

产业发展是乡村振兴的重点、提升收入是乡村振兴的根本要求。农产品流通效率的提升最直接的成效便是带动第一产业发展，加快农产品在城乡之间的流动，以此提高农村居民收入，实现共同富裕。基于此，本研究提出假设3。

假设3：农产品流通效率的提升能够促进第一产业发展和提高居民收入，以此推动乡村振兴。

武汉都市圈是中央批复确定的第7个国家层面的都市圈发展战略，是指以武汉为中心，以周边城市①为节点，通过物流、信息流、人流等方式形成紧密的城市群组织。武汉都市圈建设旨在打造引领湖北、支撑中部、辐射全国、融入世界的新格局。但随着都市圈建设的推进，城市扩张和土地开发会挤兑乡村土地资源，导致乡村土地的大规模流转和农业用地缩减，给农民的土地权益和农业生产造成压力，从而限制农村经济的发展和农民收入的增加。同时，随着城市规模扩大，人口密度增加，农产品市场需求也随之上升。这可能导致农产品供不应求、农产品价格上涨等现象，从而增加农产品流通的市场竞争压力，农产品流通商和农民也将面临更多的市场波动和价格风险。因此，武汉都市圈建设会影响农产品流通效率与乡村振兴水平之间的关系，并且这种关系会在非武汉都市圈建设城市与武汉都市圈建设城市之间产生异质性。基于此，本研究提出假设4。

假设4：武汉都市圈建设会影响农产品流通效率与乡村振兴水平之间的关系，产生异质性。

7.2 研究设计

7.2.1 模型构建

为检验农产品流通效率对乡村振兴的"U"形影响，参考王彦杰等[158]的

---

① 具体包含：黄石、鄂州、黄冈、孝感、咸宁、仙桃、天门、潜江8市。

研究，引入农产品流通效率的二次项，构建如式（7-1）所示的基准回归模型：

$$RuRe_{i,t} = \alpha_0 + \alpha_1 CiEf_{i,t} + \alpha_2 CiEf_{i,t}^2 + \alpha_3 X_{i,t} + \mu_i + \nu_t + \xi_{i,t} \qquad (7-1)$$

其中，$RuRe$ 为 i 市在第 t 年的乡村振兴水平，$CiEf$、$CiEf^2$ 分别为 i 市在第 t 年的农产品流通效率与其二次项，X 为一系列控制变量，μ_i 为城市 i 的个体固定效应，ν_t 为年份固定效应，$\xi_{i,t}$ 为随机扰动项，α_0、α_1、α_2、α_3 为回归系数。

参考杨博等[159]的研究，进一步构建如式（7-2）、式（7-3）、式（7-4）所示的回归模型，验证数字经济发展在农产品流通效率影响乡村振兴中的调节作用：

$$RuRe_{i,t} = \beta_0 + \beta_1 CiEf_{i,t} + \beta_2 CiEf_{i,t}^2 +$$
$$\beta_3 DiEc_{i,t} + \beta_4 X_{i,t} + \mu_i + \nu_t + \xi_{i,t} \qquad (7-2)$$

$$RuRe_{i,t} = \varepsilon_0 + \varepsilon_1 CiEf_{i,t} + \varepsilon_2 CiEf_{i,t}^2 + \varepsilon_3 DiEc_{i,t} +$$
$$\varepsilon_4 CiEf_{i,t} \times DiEc_{i,t} + \varepsilon_5 X_{i,t} + \mu_i + \nu_t + \xi_{i,t} \qquad (7-3)$$

$$RuRe_{i,t} = \delta_0 + \delta_1 CiEf_{i,t} + \delta_2 CiEf_{i,t}^2 + \delta_3 DiEc_{i,t} +$$
$$\delta_4 CiEf_{i,t}^2 \times DiEc_{i,t} + \delta_5 X_{i,t} + \mu_i + \nu_t + \xi_{i,t} \qquad (7-4)$$

其中，$DiEc$ 表示 i 市在第 t 年的数字经济发展水平，β_0、β_1、β_2、β_3、ε_0、ε_1、ε_2、ε_3、ε_4、δ_0、δ_1、δ_2、δ_3、δ_4 为回归系数。

最后，参考江艇[137]的研究结论，构建如式（7-5）和式（7-6）所示的模型，进一步探究农产品流通效率对产业发展水平以及居民收入的影响情况。

$$InDe_{i,t} = \lambda_0 + \lambda_1 CiEf_{i,t} + \lambda_2 X_{i,t} + \mu_i + \nu_t + \xi_{i,t} \qquad (7-5)$$

$$\ln ReIn_{i,t} = \gamma_0 + \gamma_1 CiEf_{i,t} + \gamma_2 X_{i,t} + \mu_i + \nu_t + \xi_{i,t} \qquad (7-6)$$

其中，$InDe$ 表示 i 市在第 t 年的第一产业发展水平，$\ln ReIn$ 表示 i 市在第 t 年的居民收入水平，λ_0、λ_1、λ_2、γ_0、γ_1、γ_2 为回归系数。

7.2.2　指标选择

被解释变量乡村振兴水平（$RuRe$）以及核心解释变量农产品流通效率

（$CiEf$），已在第 6 章借助熵权 TOPSIS 法和超效率 SBM 模型测度出（见表 6 - 3 和表 6 - 4）。

调节变量数字经济水平（$DiEc$），参考赵涛等[160]以及韦施威等[161]的研究，选用每百人互联网宽带接入用户数（个）、计算机软件和软件业从业人员占城镇单位从业人员比重（%）、人均电信业务总量（人/元）、每百人移动电话用户数（个）四个指标，采用熵值法计算综合指数来衡量湖北省 12 个市的数字经济水平。数据主要来源于湖北省统计局官网中各地级市的 2011～2021 年统计年鉴以及 2012～2021 年《中国城市统计年鉴》。

产业发展水平（$InDe$）采用第一产业增加值（亿元）来表示。第一产业增加值是指农业、林业、渔业和畜牧业等传统农业部门生产的物质产品和服务的总价值。它是国民经济核心产业中的一个重要指标，反映了农业和相关领域的生产效益和贡献。第一产业增加值的提高标志着农业现代化水平的提升，对乡村振兴具有重要意义。居民收入水平（$lnReIn$）采用人均金融机构存款余额（元）来表示，并对指标取对数处理。人均金融机构存款余额是指在金融机构中，每个人平均拥有的存款余额。通常较高的人均金融机构存款余额意味着居民具有较高的可支配收入和储蓄能力。因此，较高的人均金融机构存款余额可以表示该地区居民的整体经济状况相对较好。数据主要来源于湖北省统计局官网中各地级市的 2011～2021 年统计年鉴以及 2012～2021 年《中国城市统计年鉴》。

为保障模型的稳健性，参考已有研究[40][162～164]，选取以下指标加入模型中进行控制：（1）人力资源水平（$HuRe$），用农村居民平均受教育年限（年）进行衡量；（2）对外开放水平（Op），用当年实际使用外资金额与本市 GDP 的比值（%）进行衡量；（3）经济发展水平（$EcDe$），用人均地区生产总值（万元）进行衡量；（4）政府支持力度（$GoSu$），用一般公共预算支出（亿元）进行衡量；（5）产业创新基础（$InIn$），用高新技术产业增加值（亿元）进行衡量；（6）产业结构水平（$InSt$），用第三产业增加值占 GDP 比重（%）来衡量；（7）基础设施水平（$Infr$），用村庄道路硬化率（%）来衡量；（8）金融发展水平（$FiDe$），用贷款余额占 GDP 的比重（%）来衡量。

数据主要来源于湖北省统计局官网中各地级市的 2011～2021 年统计年鉴以及 2012～2021 年《中国城市统计年鉴》。报告各变量的描述性统计（见表 7-1）。

表 7-1 变量的描述性统计

变量	变量名	变量符号	均值	标准差	最小值	最大值	样本数
被解释变量	乡村振兴水平	$RuRe$	0.470	0.131	0.220	0.750	132
核心解释变量	农产品流通效率	$CiEf$	0.795	0.241	0.350	1.370	132
控制变量	人力资源水平	$HuRe$	2.554	0.300	1.890	3.210	132
	对外开放水平	Op	0.011	0.012	0.000	0.050	132
	经济发展水平	$EcDe$	5.649	3.033	1.691	18.969	132
	政府支持力度	$GoSu$	405.201	416.765	56.660	2 407.810	132
	产业创新基础	$lnIn$	467.259	792.329	22.860	4 852.300	132
	产业结构水平	$InSt$	38.282	7.573	27.530	62.450	132
	基础设施水平	$Infr$	17.762	2.178	13.050	22.300	132
	金融发展水平	$FiDe$	0.727	0.341	0.350	2.270	132
机制变量	数字经济水平	$DiEc$	0.225	0.146	0.040	0.780	132
	居民收入水平	$lnReIn$	10.878	0.623	9.657	12.777	132
	产业发展水平	$InDe$	258.568	128.826	60.990	554.340	132

7.3　实证分析

7.3.1　基准回归

农产品流通效率对乡村振兴水平影响的基准回归结果如表 7-2 所示。结果（1）没有对时间效应和个体效应进行固定，（2）为进行双向固定效应后的回归结果。结果显示固定时间与个体效应前后,农产品流通效率回归系数均显著为负,农产品流通效率二次项回归系数均显著为正,初步判断符合正"U"形关系特征。进一步借鉴朱丹等[165]的研究,对农产品流通效率影响乡村振兴水平的"U"形关系进行 utest 检验,重点考察曲线左右端点处斜率左负右正以及拐点(极值点)估计值在样本数据取值范围内的要求,并绘制农产品流通效率与乡村振兴水平之间的"U"形关系图,如图 7-3 所示。

表7-2   农产品流通效率影响乡村振兴水平的基准回归

变量	乡村振兴水平 RuRe			
	(1)		(2)	
	系数	标准误	系数	标准误
$CiEf$	− 0.262 *	0.157	− 0.337 *	0.195
$CiEf^2$	0.176 *	0.100	0.221 *	0.117
$HuRe$	0.231 ***	0.031	0.185 ***	0.037
Op	− 0.261	0.732	− 1.160	1.202
$EcDe$	0.008 **	0.003	0.014	0.012
$GoSu$	− 0.258	0.642	1.914 *	1.140
$InIn$	− 0.229	0.383	− 1.224 *	0.643
$InSt$	0.003 *	0.002	− 0.003	0.004
$Infr$	0.015 ***	0.004	0.016 **	0.005
$FiDe$	0.019	0.060	− 0.016	0.115
常数项	− 0.441 ***	0.086	− 0.117	0.220
时间固定	否		是	
个体固定	否		是	
R^2	0.835		0.878	

注:*、** 和 *** 分别为10%、5%和1%的显著性水平,采用聚类稳健标准误,下文同。

  如表 7-3、图 7-3 所示,农产品流通效率影响乡村振兴水平的"U"形关系的拐点为 0.762,处于取值区间 [0.350,1.370],同时左右端点斜率为 − 0.182 和 0.268,满足左负右正要求,并且在 10% 的水平上显著,满足"U"形关系的条件,进一步验证前文假设成立。

表 7 – 3　　　　　　　　　　　　"U" 形关系检验

utest 检验	乡村振兴水平 RuRe	
农产品流通效率区间（下上限）	0.350	1.370
左右端点斜率	– 0.182	0.268
左右端点斜率显著性	（– 1.584）*	（2.020）**
曲线拐点	0.762	
Fieller 置信区间 95%	[1.007，1.704]	
整体显著性水平	（1.580）*	

注：（ ）内为 t 值。

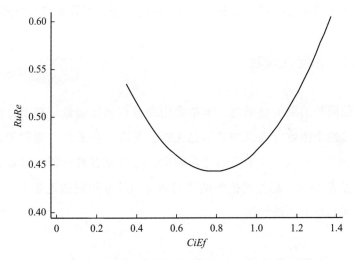

图 7 – 3　农产品流通效率与乡村振兴水平的 "U" 形关系

注：笔者借助 Stata 软件制作。

　　通过实证分析，表明随着农产品流通效率的提升，乡村振兴水平呈现先降低后提升的趋势。进一步对控制变量进行分析，控制变量虽不是本章重点关注的变量，但也对乡村振兴水平产生一定的影响。首先，可以发现控制时间和个体效应前后的回归结果中，人力资源水平均对乡村振兴水平产生显著的促进作用，说明人才在乡村振兴中的重要地位。人才是带动信息、技术、市场和管理等方面密切融合的最关键因素。实施乡村振兴，要重视人才，以人才振兴赋能乡村振兴。其次，政府支持力度在10%水平上显著为正，乡村振兴离不开政府的政策指引和财政支撑，通过资金、政策、基础设施、教育和培训、市场开拓等方面的支持，可以促进农村经济的发展、改善农民的生活条件，实现农业现代化和农村全面振兴的目标。再次，产业创新基础对乡村振兴的影响在10%水平上显著为负，本章采用高新技术产业增加值来衡量产业创新基础，作为技术密集产业，高新技术产业以科技创新和高新技术为核心，需要大量的研发投入和高素质人才的支持，这会对乡村振兴发展产生"挤兑效应"，不利于农村人才和资金的引入。最后，基础设施水平对乡村振兴的影响在5%水平上显著为正，良好的交通和运输基础设施是乡村振兴的重要支撑，畅通的交通网络有助于促进人员流动、资源配置和产业协同发展。

7.3.2　稳健性检验

为确保回归结果的稳健性，本章采用面板双向固定效应模型，通过控制时间和城市的个体效应确保结果的稳健性，并进一步采用考虑因子分析的熵权TOPSIS法对乡村振兴水平重新进行测度，替换原有被解释变量重新进行回归，结果见表7-4。稳健性检验结果与前文的基准回归估计基本一致，从而验证基准回归结论的稳健性。

表7-4　　　　　　　　　　　　稳健性检验结果

变量	乡村振兴水平 *RuRe*（新）			
	（1）		（2）	
	系数	标准误	系数	标准误
CiEf	-0.257 **	0.124	-0.300 *	0.153
CiEf^2	0.161 **	0.078	0.194 **	0.091
HuRe	0.233 ***	0.025	0.190 ***	0.032
Op	-0.285	0.554	-1.214	0.899
EcDe	0.008 ***	0.003	0.007	0.008

续表

变量	乡村振兴水平 RuRe（新）			
	(1)		(2)	
	系数	标准误	系数	标准误
GoSu	0.005	0.523	1.491	0.915
InIn	- 0.297	0.286	- 0.859*	0.464
InSt	0.004***	0.001	0.001	0.004
Infr	0.016***	0.003	0.017***	0.004
FiDe	- 0.010	0.050	- 0.021	0.092
常数项	- 0.477***	0.068	- 0.259	0.169
时间固定	否		是	
个体固定	否		是	
R^2	0.892		0.920	

7.3.3 机制分析

（1）数字经济的调节效应

表7-5报告了数字经济的调节效应回归结果，结果（1）为公式（7-2）的回归结果，结果（2）为公式（7-3）的回归结果，结果（3）为公式（7-4）的回归结果。并报告数字经济对农产品流通效率影响乡村振兴水平的调节效应图，如图7-4所示。

表7-5　　　　　　　　　　　调节效应回归结果

变量	乡村振兴水平 RuRe					
	(1)		(2)		(3)	
	系数	标准误	系数	标准误	系数	标准误
CiEf	- 0.347*	0.195	- 0.635***	0.203	- 0.464**	0.182
$CiEf^2$	0.229*	0.117	0.293**	0.107	0.192*	0.106

续表

变量	乡村振兴水平 RuRe					
	(1)		(2)		(3)	
	系数	标准误	系数	标准误	系数	标准误
DiEc	0.093	0.129	−0.618 **	0.278	−0.271	0.177
DiEc × CiEf			0.876 ***	0.312		
DiEc × CiEf^2					0.533 ***	0.196
HuRe	0.185 ***	0.038	0.198 ***	0.037	0.198 ***	0.037
Op	−1.184	1.224	−0.995	1.233	−0.949	1.234
EcDe	0.015	0.011	0.024 **	0.011	0.024 **	0.011
GoSu	1.795	1.183	1.722	1.209	1.889	1.220
InIn	−1.207 *	0.643	−1.661 **	0.651	−1.771 **	0.672
InSt	−0.004	0.004	−0.006	0.005	−0.006	0.005
Infr	0.016 ***	0.005	0.015 ***	0.005	0.015 ***	0.005
FiDe	−0.007	0.115	−0.069	0.116	−0.074	0.115
常数项	−0.119	0.219	0.134	0.235	0.067	0.227
时间固定	是		是		是	
个体固定	是		是		是	
R^2	0.879		0.888		0.888	

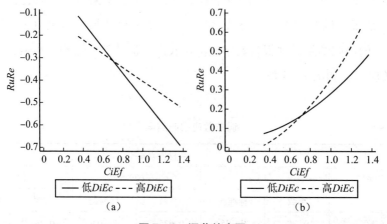

图 7-4　调节效应图

注：笔者借助 Stata 软件制作。

一方面，结果（2）显示数字经济发展与农产品流通效率交互项的系数显著为正，表明数字经济发展对农产品流通效率影响乡村振兴水平具有显著的正向调节作用，并且这种作用为线性关系；同时根据图 7－4（a）图可以看出，数字经济发展水平较高时，可以延缓低水平农产品流通效率对乡村振兴发展的抑制作用，说明发展农产品流通效率带来的"挤兑效应"因数字经济的发展得到缓解，即数字经济发展减缓了低农产品流通效率对乡村振兴发展的降级效应。

另一方面，结果（3）显示数字经济发展与农产品流通效率平方项交互项的系数显著为正，存在调节效应，并且这种作用为非线性关系；同时根据图 7－4可以看出，数字经济发展水平较高时，农产品流通效率对乡村振兴水平的促进作用得到提升，即数字经济发展放大了高农产品流通效率对乡村振兴水平的升级效应。

由此可见，数字经济对农产品流通效率影响乡村振兴水平的调节效应具有两面性。一方面，在农产品流通效率发展水平较低时，数字经济会降低低水平农产品流通效率对乡村振兴发展的抑制作用，并且这种调节效应为线性关系；另一方面，在农产品流通效率发展水平较高时，数字经济会提升高水平农产品流通效率对乡村振兴发展的促进作用，并且这种调节效应为非线性关系。因此，在发展乡村振兴的过程中，要注重数字经济的刺激和带动作用，有助于提升乡村振兴水平。

（2）产业发展的渠道效应

根据前文理论分析与研究假设，将产业发展水平与农产品流通效率进行回归分析，表 7－6 报告了公式（7－5）的回归结果。

表 7－6　　　　　　　　　　产业发展的渠道效应回归结果

变量	产业发展水平 $InDe$	
	系数	标准误
$CiEf$	2.764*	1.613
$HuRe$	1.441	1.728

续表

变量	产业发展水平 InDe	
	系数	标准误
Op	1.518 ***	0.427
EcDe	1.164	0.739
GoSu	1.076	0.720
InIn	−0.584 *	0.351
InSt	0.844	1.750
Infr	−1.480	1.906
FiDe	−0.406	0.561
常数项	1.241	0.997
时间固定	是	
个体固定	是	
R^2	0.974	

　　根据回归结果可知，农产品流通效率显著促进产业发展水平，验证前文假设。说明农产品流通效率的提高对第一产业的发展至关重要，它通过提高农产品的质量和市场竞争力，稳定农产品价格，增加农民的收益以及提升农产品品牌价值，为农业的发展提供动力。可以说，改善农产品流通效率是促进第一产业发展和农村振兴的重要举措。从控制变量来看，对外开放能显著促进第一产业的发展，通过对外开放，第一产业可以进一步扩大市场，增加出口机会和销售额。国际市场的需求也可以促进农产品的生产和种植规模的扩大，为农民提供更多的销售渠道。因此，积极开展对外开放是促进第一产业发展和农村振兴的重要策略之一。而以高新技术产业增加值来衡量的产业创新基础，抑制了第一产业的发展，可能原因是高新技术产业通常需要高素质的人才，而农业和农村地区的人才相对匮乏。如果过度发展高新技术产业，可能导致农村地区的劳动力外流，进一步加剧农村地区的人才流失问题，对第一产业的发展产生负面影响。因此，需要在发展高新技术产业的同时，充分考虑第一产业的发展需求，采取合理的政策和措施，确保农业和农村地区

的平衡发展，避免过度发展高新技术产业对第一产业的发展造成不良后果。

（3）收入水平的渠道效应

根据前文理论分析与研究假设，将收入水平与农产品流通效率进行回归分析，表 7 - 7 报告了公式（7 - 6）的回归结果。

表 7 - 7　　　　　　　　　收入水平的渠道效应回归结果

变量	居民收入水平 $\ln ReIn$	
	系数	标准误
CiEf	0.065 ***	0.023
HuRe	0.049	0.041
Op	1.672 *	0.849
EcDe	0.002	0.011
GoSu	0.447	1.120
InIn	− 1.391 **	0.657
InSt	− 0.012 ***	0.003
Infr	− 0.007 *	0.004
FiDe	0.148 *	0.079
常数项	11.195 ***	0.148
时间固定	是	
个体固定	是	
R^2	0.996	

根据回归结果，农产品流通效率的提升可以显著地提高居民收入水平，验证前文假设。表明农产品流通效率的提升对居民收入具有积极的影响：一方面，通过优化农产品流通的各个环节，可以减少农产品流通中的浪费和损耗，提高农民的销售收入；另一方面，高效的农产品流通可以降低物流成本和中间环节的利润，使农产品价格更加稳定，稳定的农产品价格可以维护居民的购买力，对居民收入的稳定和提高具有积极的影响。从控制变量来看，对外开放、金融发展水平均能显著促进居民收入水平，产业创新基础、产业

结构水平以及基础设施水平则抑制居民收入水平。对外开放可以促进包括农业生产技术、加工技术和管理经验等的引进和交流，先进的农业技术和生产方式可以提高农产品的质量和产量，增加农产品的附加值；而金融发展水平的提高为农村居民提供了更多的金融服务和支持，金融机构提供的贷款、信用担保、保险等金融产品和服务，能帮助农户发展农业生产、扩大规模和增加投资。因此，对外开放和金融发展水平的提升可以促进农村居民收入水平的提高。从抑制因素来看，以高新技术产业增加值来衡量的产业创新基础和以第三产业占 GDP 比重来衡量的产业结构水平以及基础设施水平，显著抑制了居民收入水平，可能的原因是高新技术产业和第三产业通常具有较高的技能要求和高薪资水平。相比之下，农业收入相对较低，当高新技术产业和第三产业发展过快时，城市中的高薪职位增多，而农村地区的收入水平相对滞后，导致城乡收入差距的扩大。高新技术产业和第三产业的快速发展往往吸引了大量的劳动力向城市流动，农民纷纷离开农村地区，寻求更好的就业机会和收入来源。这导致农村地区的劳动力短缺，农业生产受到影响，进而影响到农民的收入水平。最后，从基础设施水平来看，过度发展农村基础设施需要大量的资金投入，如果这些资金主要来自农村地区的财政收入或农民的资金来源，将导致农民财务负担增加，减少其可支配收入。为避免以上负面影响，应合理规划和管理农村基础设施建设，注重均衡发展，确保资源的合理配置和公平分配。同时，要注重提高农民的技能和就业机会，加强农业生产和农村经济的发展，以提高农民的收入水平和生活质量。

7.3.4 异质性分析

为探究武汉都市圈建设对农产品流通效率影响乡村振兴水平的异质性，将所研究的湖北省 12 市划分为两组，其中一组为武汉、黄石、鄂州、黄冈、孝感、咸宁，均为武汉都市圈规划城市；另一组为十堰、宜昌、襄阳、荆门、荆州、随州，均不属于武汉都市圈规划城市。分别对两组城市进行回归分析（见表 7-8）。

表7-8 武汉都市圈建设的异质性回归结果

变量	乡村振兴水平 RuRe			
	武汉都市圈规划城市组		非武汉都市圈规划城市组	
	系数	标准误	系数	标准误
$CiEf$	-0.288	0.345	-0.407*	0.220
$CiEf^2$	0.200	0.211	0.273**	0.133
$HuRe$	0.207***	0.064	0.219***	0.059
Op	0.183	1.863	-0.866	2.027
$EcDe$	0.012	0.013	0.045**	0.021
$GoSu$	1.256	1.301	6.006*	2.990
$InIn$	-0.991	0.693	-3.430*	1.852
$InSt$	-0.243	0.822	-1.025	0.627
$Infr$	0.011	0.010	0.015**	0.007
$FiDe$	-0.099	0.140	0.092	0.308
常数项	-0.054	0.400	-0.236	0.328
时间固定	是		是	
个体固定	是		是	
R^2	0.888		0.909	

由表7-8可知,在武汉都市圈规划城市回归结果中,农产品流通效率回归系数为不显著负向影响、农产品流通效率二次项回归系数为不显著正向影响,正"U"形关系特征不成立;而在非武汉都市圈规划城市回归结果中,农产品流通效率回归系数为显著负向影响、农产品流通效率二次项回归系数为显著正向影响,正"U"形关系特征成立,说明武汉都市圈建设对乡村振兴发展产生一定的负面影响。武汉都市圈规划通过加强城市之间的联系和合作,促进资源要素的集聚和优化配置,可以实现都市圈内各城市和地区的协同发展,提高整个都市圈的综合竞争力和可持续发展能力。但是随着都市圈的建设和发展,吸引力较强的城市往往成为人口的集聚地,导致农村人口大量外流,农村人口减少可能会导致农村劳动力短缺和农业生产的衰退;同时,

都市圈的建设可能会导致资源在城市之间的不均衡分配，重点城市受益较多，而离核心城市较远的农村地区可能面临资源匮乏和发展不平衡的问题。因此，在都市圈建设过程中要重视农村发展，加强农村基础设施建设、农业产业升级和农民收入提升，确保乡村振兴战略的全面推进，实现城乡协调发展，还需要制定相关政策和措施，保护农村地区的生态环境，确保农村的可持续发展。

7.4　本章小结

农产品流通效率对乡村振兴水平的影响具有两面性，两者之间是非线性的"U"形关系。理论层面，借助"功能—机制—目标"研究框架，分析农产品流通效率助推乡村振兴的内在机制，同时阐述提升农产品流通效率对乡村振兴的抑制作用。内在机制方面，分析数字经济在农产品流通效率影响乡村振兴水平的过程中的调节效应；农产品流通效率的提升可促进第一产业发展和提高居民收入，从而推动乡村振兴；武汉都市圈建设对农产品流通效率与乡村振兴水平之间的关系产生异质性影响。实证分析方面，通过构建双向固定效应模型，对理论分析部分进行验证，结果表明，农产品流通效率与乡村振兴水平之间具有显著的"U"形关系，同时验证数字经济的调节效应、产业发展的渠道效应、收入水平的渠道效应以及武汉都市圈建设的异质性。通过理论和实证的分析，厘清农产品流通效率与乡村振兴之间的内在联系，再次证明农产品流通效率的提升能够推动乡村振兴的发展。

第 8 章

湖北省农产品流通效率的影响
因素及组态路径分析

农产品流通效率和乡村振兴水平之间具有复杂的内在联系，但可以明确的是，农产品流通效率的提升为湖北省乡村振兴提供动力，长期来看，提升农产品流通效率能促进乡村振兴。根据前文的分析，湖北省农产品流通效率较其他省份偏低，同时省内不同城市之间存在着较为显著的非均衡发展态势，有必要进一步对影响农产品流通效率的因素进行梳理，寻找到促进农产品流通效率高效发展的路径，为提升湖北省农产品流通效率，实现乡村振兴提供现实和理论借鉴。

8.1　理论分析

农产品流通产业涉及多个环节，影响农产品流通效率的因素难以梳理，需要运用合适的理论对其进行较为全面的分析。TOE 理论全称为"技术—组织—环境"（technology – organization – environment）分析框架，由托纳提兹基等（Tornatizky et al.）[166]学者提出，是一种常用的经济分析框架。TOE 理论强调技术因素、组织因素以及环境因素对研究对象的影响，技术因素一般指技术自身的属性与特点以及技术与组织之间的关系，在研究农产品流通效率时，技术层面的因素可以是技术创新水平、数字经济水平等因素；组织因素指研究对象所处组织内部的结构、资源和管理策略等因素，具体包括组织的层级、集中化程度、规模以及人力资源等；环境因素指研究对象所处的环境，这种环境更多指的是外部环境，比如经济发展水平、竞争环境、市场需求、法律法规、政策等。

　　TOE 理论提供的"技术—组织—环境"研究框架，没有具体规定应该包含哪些因素，可以针对具体研究对象进行选择，具有较大灵活性，并且 TOE 理论更多强调"技术—组织—环境"三者对研究对象的共同作用，通过 TOE 理论框架可以更好地梳理影响农产品流通效率的因素。

　　本章借助 TOE 理论框架，从"技术—组织—环境"三个角度构建农产品流通效率的影响因素分析框架（见图 8-1），并进一步借助 QCA 分析方法，探究不同因素之间会通过何种联动模式来影响农产品流通效率水平。

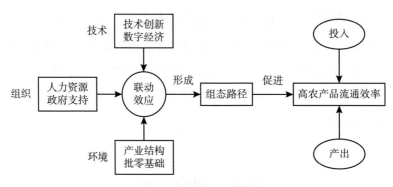

图 8-1　理论分析框架

注：笔者自制。

（1）技术角度

　　具体包括技术创新和数字经济发展水平两个二级因素。在农产品流通体系的发展中，技术创新起到关键作用，为满足消费者对农产品新鲜度、时效性以及安全性的需求，需要采用更先进的农产品保鲜技术，同时要提升农产品流通信息化水平，保障农产品流通过程中不同主体之间的信息交流，最大程度减少农产品供应链"断链"现象。通过技术创新可以改善农产品物流和运输系统，通过建立智能化的仓储和运输管理系统，可以减少运输时间和损耗，提高运输效率，同时实时跟踪和监测系统可以协助保持农产品在运输过程中的质量和安全；技术创新也提供了建立农产品追溯系统的机会，通过追踪和记录产品的生产、加工、运输和销售信息，可以提高产品的可追溯性和安全性，增强消费者对产品的信任。可以说技术创新对农产品流通效率的影响是复杂且关键的。当前，我国正在大力推动数字经济发展，不能忽视数字经济对农产品流通效率的推动作用。2021 年发布的《"十四五"数字经济发展规划》指出，数字经济发展是指数字技术和信息技术在经济中的应用和推广，数字经济发展能优化产业结构，推动生产、生活和治理方式变革。从农产品流通效率的角度来看，数字经济的发展推动了电子商务平台的兴起和普及，农产品生产者可以通过电子商务平台直接与消费者进行交易，绕过传统的批零中间环节，这种直接的交易模式加快了农产品流通效率；同时，数字经济发展可以通过数字技术的应用，实现农产品流通的信息共享、物流智能化、系统追溯等功能，使农产品从生产到消费全过程更加高效、快捷和便利，进而提升农产品流通效率。可以说，数字经济为农产品流通带来了更高效的方式和工具。

（2）组织角度

具体包括人力资源和政府支持两个二级因素。从人力资源角度来看，在农产品流通过程中需要不同专业的人才进行协同合作，如专业技术人才。信息系统、电子商务等领域高素质的人才能够更好地应对农产品流通环节中所需的技术和管理方面的挑战，进而提高流通效率。从政府支持角度来看，一方面，政府可以通过公共预算支出投资于农产品流通相关的基础设施建设，如农产品市场、物流中心、冷链设施、道路和桥梁等，这些基础设施的建设将有效地提升农产品的流通效率，减少运输时间和损耗，并提供更好的储存和保鲜条件；另一方面，政府可以利用公共预算支出建设和维护农产品流通的信息平台，这些平台可以提供农产品市场信息、价格走势、供需数据等，帮助农产品生产者和流通企业作出决策，信息的透明度和准确性将有助于提高农产品流通效率，促进供需的平衡和合理定价。最后，政府可以利用公共预算支出鼓励和支持农产品流通中的合作与协同机制，例如，设立专项资金或提供补贴来支持农民合作社、农产品合作组织等的发展，促进农产品的集中采购、统一销售和物流配送。这将有助于提高农产品流通效率和规模经济效应。

（3）环境角度

具体包括产业结构优化和批零产业发展两个二级因素。产业结构优化是指通过调整和优化各个产业的比重和组合，以提升经济发展的效益和可持续性。对于传统产业，通过技术创新、工艺改进、品牌建设等方式，促使传统产业向价值链高端迈进，降低资源消耗、环境污染，并提高经济效益；同时，鼓励不同产业之间的协同发展，通过产业链和供应链的衔接，提升整体产业效益。例如，将农业、加工制造和物流配送等环节进行紧密协作，形成农产品的产业集群，提高资源利用效率和农产品流通效率。第三产业占比的提升对农产品流通效率有积极的影响，第三产业主要包括服务业和信息产业，第三产业通常具有较高的附加值和创新性。通过产业结构优化，增加第三产业在经济中的比重，可以提升经济增长的韧性和可持续性，也为农产品流通产业发展提供基础。当前，批发零售仍然是农产品流通的主流模式，批发零售贸易企业的存在和发展为农产品流通产业提供了基础支撑，批发零售贸易企业的增加可以扩大农产品的市场覆盖范围和销售渠道。更多的批发商和零售商意味着农产品可以更广泛地进入不同的市场和消费群体，提高产品的曝光度和销售量，可以减少农产品的积压和库存风险。

总而言之，农产品流通效率会受到来自技术、组织和环境多方面的综合影响。一个理想的农产品流通体系是要实现高农产品流通效率，但是不同区域由于技术、经济和环境等存在发展差异，在农产品流通产业的发展上并不均衡，农产品流通效率提升路径也很难同步。这就造成了来自技术、组织和环境单一要素不足以促进农产品流通产业提效，需要依靠不同要素之间的协同效应。因此，基于组态视角，本章首先归纳出可能的驱动路径，主要包括单一因素驱动路径、双因素驱动路径以及综合型驱动路径（见表 8 - 1）。

表 8 - 1　　　　　　　　　实现高农产品流通效率可能的路径

提升路径	条件组态	技术	组织	环境	理论逻辑
单一因素 驱动路径	技术主导型	1	0	0	存在单一因素，通过技术、组织以及环境找到最佳的农产品流通效率提升路径
	组织主导型	0	1	0	
	环境主导型	0	0	1	
双因素驱动 路径	技术—组织 协同型	1	1	0	技术、组织以及环境可以通过互补组合形成农产品流通效率提升路径
	技术—环境 协同型	1	0	1	
	组织—环境 协同型	0	1	1	
综合型驱动 路径	技术—组织—环境 综合型	1	1	1	综合考虑技术、组织以及环境因素三者间的联动效应，形成农产品流通效率提升路径

注：0 表示不产生影响，1 表示产生影响。

8.2　研究方法与数据来源

8.2.1　研究方法的确定

以往多采用计量经济学中 Y 与 X 二元或多元回归方法来研究影响因素[167]，而回归分析难以解释超过 3 项的交互效应，实际研究中影响因素往往多于 3 个[168]。因此，在分析影响因素问题时，传统回归方法存在很大局限性。定性比较分析（qualitative comparative analysis，QCA）由拉金（Ragin，1987）[169]首先提出，QCA 基于集合理论，以案例研究为导向，能从组态视角分析多元复杂作用机制[170]探讨不同前因条件（影响因素）之间的组合、替换和抑制是如何影响结果变量（被解释变量）[171]。根据集合属性不同，QCA 分为可以处理二分变量的清晰集定性比较分析（crisp set QCA，csQCA）、引入模糊集合的模糊集定性比较分析（fuzzy sets QCA，fsQCA）[172] 以及多值集定性比较分析（multi value QCA，mvQCA）。为满足时间变量的研究，希诺（Hino）[173] 提出了时间序列定性比较分析（Time - Series QCA，TSQCA）。TSQCA 主要包括：汇总时间线上所有观察案例的汇总 QCA（Pooled QCA）、对不同时间点上观察案例取均值进行研究的固定 QCA（Fixed Effects QCA）以及考虑观察案例不同时间差值的时差 QCA（Time Differencing QCA）。本章涉及的农产品流通效率为跨时间的模糊集合变量，因此，选择汇总型 tsQCA 对农产品流通效率的影响因素进行识别分析，具体步骤如下：

首先，选择案例以及前因条件，并对数据进行校准；其次，对前因条件进行必要性分析，避免某一前因条件的出现会导致必然结果[174]；最后，进行条件组态的充分性分析，这一步是 QCA 分析的核心步骤，主要分析不同前因条件要形成怎样的组态才会产生高农产品流通效率[175]。

8.2.2　数据来源及校准

（1）数据来源

研究案例为第 6 章测度的 2011～2021 年湖北省 12 市的农产品流通效率，前因条件为 TOE 理论框架中的技术创新、数字经济、人力资源、政府支持、产业结构以及批发零售产业发展基础（简称"批零基础"）6 个因素，具体如下：

①技术创新采用每万人专利授权量来衡量，具体计算公式为专利授权量（件）与户籍人口（万人）的比值，较高的每万人专利授权量通常表示该地区具有更强的技术创新能力，而较低的值可能表示技术创新能力相对较弱，数据主要来源于 2012～2022 年《中国城市统计年鉴》。

②数字经济参考赵涛等[160]和韦施威等[161]的研究，选用每百人互联网宽带接入用户数（个）、计算机软件和软件业从业人员占城镇单位从业人员比重

（%）、人均电信业务总量（人/元）、每百人移动电话用户数（个）四个指标，采用熵值法计算综合指数来衡量湖北省 12 市的数字经济水平，数据主要来源于湖北省统计局官网中各地级市的 2012～2022 年统计年鉴以及 2012～2022 年《中国城市统计年鉴》。

③人力资源水平采用普通本专科在校学生数（万人）与户籍人口（万人）的比值来衡量，可以反映一个地区教育系统的规模和对人力资源培养的投入程度，数据主要来源于 2012～2022 年《中国城市统计年鉴》。

④政府支持采用一般公共预算支出（亿元）来表示，一般公共预算支出是指政府用于满足公共需求和提供公共服务的资金支出，包括教育、卫生、基础设施建设、科研等各个领域的支出，数据主要来源于 2012～2022 年《中国城市统计年鉴》。

⑤产业结构采用第三产业增加值占 GDP 比重（%）来衡量，较高的第三产业占比通常表明服务业在经济中发挥着重要的作用，数据主要来源于 2012～2022 年《中国城市统计年鉴》。

⑥批零基础采用每万人限额以上批发零售贸易企业数来衡量，较高的每万人限额以上批发零售贸易企业数表示该地区商业环境活跃，商业基础较为健全，为经济发展提供了良好的基础，具体计算公式为限额以上批发零售贸易企业数（个）与户籍人口（万人）的比值，数据主要来源于 2012～2022 年《中国城市统计年鉴》。

（2）数据校准

在进行 QCA 分析前，需要对结果变量以及条件因素进行数据校准，将其转换为集合形式。主要包括完全隶属、交叉点和完全不隶属 3 个校准点的选择，费斯和格里克哈姆（Fiss[176] & Greckhamer[177]）认为，可以选择统计数据的 75% 分位数、中位数（50%）以及 25% 分位数来校准；格里克哈姆等（Greckhamer et al.）[178] 使用 90% 分位数、中位数（50%）以及 10% 分位数来校准，而理想的校准应该结合理论和实际知识，非案例数据本身[179、180]。因此，结合本章结果变量特点，把农产品流通效率值为 1 作为完全隶属点（效率值为 1 被认为是效率有效），交叉点和完全不隶属则选择中位数（50%）以及 10% 分位数来校准，条件因素的校准使用 90% 分位数、中位数（50%）以及 10% 分位数，最后将恰好为 0.5 的隶属度加上 0.001，缓解组态归属问题[181]。数据校准及描述性统计，如表 8 – 2 所示。

表 8 – 2　　　　　　　　　　数据校准及描述性统计

变量名	校准			描述性统计			
	完全隶属	交叉点	完全不隶属	均值	标准差	最小值	最大值
流通效率	1.000	0.793	0.436	0.795	0.241	0.353	1.374
技术创新	18.703	4.620	1.468	8.049	8.978	0.513	63.182
数字经济	0.408	0.187	0.100	0.226	0.147	0.037	0.783
人力资源	0.059	0.010	0.003	0.023	0.031	0.002	0.118
政府支持	669.951	279.595	124.989	405.201	416.765	56.660	2 407.810
产业结构	47.881	36.040	29.799	38.282	7.573	27.530	62.450
批零基础	0.956	0.645	0.462	0.728	0.342	0.351	2.273

8.3　实证分析

8.3.1　单一条件的必要性分析

NCA 可分析条件因素对结果变量的必要性，还可以通过上限回归（ceiling regression，CR）和上限包络分析（ceiling envelopment，CE）两种方式分析效应量，并通过瓶颈水平表示必要性程度[182]。效应量大小范围为 [0，1]，通常效应量大于 0.1 且蒙特卡洛仿真置换检验显著时，表明该条件因素为必要条件[183]。借助 R 语言软件对农产品流通效率以及条件因素进行 NCA 必要条件分析，NCA 必要条件分析结果如表 8 – 3 所示，NCA 瓶颈水平分析结果如表 8 – 4 所示。

表 8 – 3　　　　　　　　　　NCA 必要条件分析结果

条件因素	方法	精确度	上限区域	效应量	p 值
技术创新	CE	100%	1.954	0.031	0.184
	CR	98.5%	2.252	0.035	0.156
数字经济	CE	100%	0.026	0.034	0.806
	CR	98.5%	0.020	0.027	0.794
人力资源	CE	100%	0.002	0.016	0.655
	CR	100%	0.001	0.008	0.655
政府支持	CE	100%	37.462	0.016	0.660
	CR	99.2%	21.873	0.009	0.791
产业结构	CE	100%	3.741	0.105	0.113
	CR	85.6%	4.445	0.125	0.053
批零基础	CE	100%	0.067	0.005	0.948
	CR	98.5%	0.060	0.004	0.915

注：置换检验重复采样次数为 1 000 次。

表 8 – 4　　　　　　　　　　NCA 瓶颈水平分析结果

流通效率	技术创新	数字经济	人力资源	政府支持	产业结构	批零基础
0	NN	NN	NN	NN	NN	NN
10	NN	NN	NN	NN	NN	NN
20	NN	NN	NN	NN	NN	NN
30	NN	NN	NN	NN	NN	NN
40	NN	NN	NN	NN	NN	NN
50	NN	NN	NN	NN	4.0	NN
60	NN	NN	NN	NN	12.3	NN
70	NN	NN	NN	NN	20.6	0.2
80	5.8	4.9	NN	1.2	28.9	1.0
90	16.9	12.5	4.1	4.5	37.2	1.8
100	27.9	20.2	8.3	7.7	45.5	2.6

注：NN 为不必要，采用上限回归（ceiling regression，CR）法，单位为%。

根据表8-3，无论是 CR 法还是 CE 法，除产业结构外，NCA 所得出的技术创新、数字经济、人力资源、政府支持以及批零基础的效应量均低于0.1，并且蒙特卡洛仿真置换检验都不显著（$p > 0.01$），而产业结构效应量虽大于0.1，但蒙特卡洛仿真置换检验不显著（$p > 0.01$）。因此，所选条件因素单独都不构成农产品流通效率的必要条件。进一步报告 NCA 瓶颈水平分析结果，由于技术创新、数字经济、人力资源、政府支持、产业结构以及批零基础都是连续变量，只采用 CR 方法生成上限函数。瓶颈水平是指为满足农产品流通效率所达到的水平（%），某一条件因素所需的最低水平值（%）。例如要想达到70%水平的农产品流通效率，则需要20.6%的产业结构以及0.2%的批零基础；想达到100%水平的农产品流通效率，则需要27.9%的技术创新、20.2%的数字经济、8.3%的人力资源、7.7%的政府支持、45.5%的产业结构以及2.6%的批零基础。

进一步借助 fsQCA 3.0 软件分析单个条件因素影响高农产品流通效率以及低农产品流通效率的必要性（见表8-5）。当一致性水平大于0.9，覆盖度小于0.5时，可以认为该条件因素必要。QCA 单个条件的必要性检验一致性均小于0.9且覆盖度均大于0.5，可以看出，在所有条件因素中不存在产生高（低）农产品流通效率的必要条件，单项条件因素对农产品流通效率的解释力不强，需要进行组态分析。

表8-5　　　　　　　　　　QCA 单个条件的必要性检验

条件变量	高农产品流通效率		低农产品流通效率	
	一致性	覆盖度	一致性	覆盖度
技术创新	0.524	0.621	0.585	0.556
~技术创新	0.625	0.652	0.601	0.504
数字经济	0.526	0.620	0.604	0.572
~数字经济	0.637	0.667	0.598	0.503
人力资源	0.501	0.633	0.573	0.582
~人力资源	0.669	0.661	0.639	0.507

条件变量	高农产品流通效率		低农产品流通效率	
	一致性	覆盖度	一致性	覆盖度
政府支持	0.541	0.622	0.613	0.566
~政府支持	0.622	0.667	0.591	0.509
产业结构	0.605	0.659	0.576	0.504
~产业结构	0.544	0.615	0.611	0.554
批零基础	0.549	0.618	0.635	0.575
~批零基础	0.622	0.680	0.578	0.507

注：~表示低水平条件变量。

8.3.2　条件组态的充分性分析

（1）高农产品流通效率的组态路径

进行组态路径分析关键在于真值表的构建，在构建真值表的过程中，需要对一致性阈值、频数阈值以及 PRI 一致性阈值进行确定。首先，对于一致性阈值，施耐德等（Schneider et al.）[174]采用 0.75 的一致性阈值，并认为充分性的一致性应不低于 0.75，里豪克斯等（Rihoux et al.）[175]采用 0.8 的一致性阈值，克里利等（Crilly et al.）[181]以及陈等（Chen et al.）[184]认为可以根据研究数据本身，选择存在天然缺口的自然截断，本章参考杜运周等[182、183]的研究，选择 0.8 作为一致性阈值；其次，频数阈值应该根据样本数量来定，本研究样本数为 132，属于中小样本，因此，把案例频数阈值设定为 1；最后，关于 PRI 一致性阈值，格里克哈姆等[177]使用 0.65 作为 PRI 一致性阈值，而帕塔拉等（Patala et al.）[185]使用 0.6 作为 PRI 一致性阈值，与其他阈值类似，PRI 一致性阈值还未有一个确定的选用标准，本章使用 0.7 作为 PRI 一致性阈值。真值表构建完成后，在进行反事实分析时，假设单个条件因素的存在与否均可能对实现高农产品流通效率有贡献，故不预先选择条件因素的"缺乏或存在"状态，并采用中间解与简单解相辅的方式来识别核心条件与边缘条件，如表 8 - 6 所示。

表 8 – 6   高农产品流通效率的实现路径

条件因素	高农产品流通效率条件组态			
	组态 1	组态 2	组态 3	组态 4
	组织引领型		环境带动型	技术—组织协同型
技术创新		⊗	⊗	●
数字经济	⊗	●	⊗	●
人力资源	●	●	⊗	⊗
政府支持	⊗	⊗	⊗	
产业结构	⊗		●	●
批零基础	⊗	⊗		●
原始覆盖度	0.220	0.169	0.232	0.214
唯一覆盖度	0.040	0.002	0.050	0.067
一致性	0.895	0.858	0.789	0.806
总体解的覆盖度	0.379			
总体解的一致性	0.795			

注：●、⊗分别表示核心条件的存在与缺失；•表示边缘条件的缺失，空白表示条件在该组态下不存在，下文同。

由表 8 – 6 可知，能实现高农产品流通效率的组态路径共有 4 条，总体解的一致性以及每条组态路径的一致性均大于 0.75，表明 4 条组态路径均为实现高农产品流通效率的充分条件。总体解的一致性水平为 0.795，表明满足这 4 条组态路径的案例中，有 79.5% 的案例为高农产品流通效率；总体解的覆盖度为 0.379，说明这 4 条组态路径可以解释 37.9% 实现高农产品流通效率的案例。进一步分析 4 种组态路径：

①组织引领型。组态 1 和组态 2 以人力资源为核心条件，即使在核心条件政府支持、批零基础缺乏的情况下，依然可以实现高农产品流通效率。可见人力资源对农产品流通效率具有关键的促进作用，在其他因素缺乏或者不足的情况下，通过引进高素质的人才，能够更好地应对农产品流通环节中所遇到的技术和管理方面的挑战，进而提高农产品流通效率。人力资源在组态 1 和组态 2 中发挥核心作用。因此，将组态 1 和组态 2 命名为"组织引领型"路径。

　　组态 1 原始覆盖度为 0.220，唯一覆盖度为 0.040，一致性为 0.895，说明该组态路径能够解释 22.0% 的高农产品流通效率案例。另外，约 4.0% 的高农产品流通效率案例仅能被这条路径所解释，并且在满足组态 1 的案例中，有 89.5% 的案例农产品流通效率呈现较高水平。组态 1 代表城市为黄石，作为长江中游城市群成员，同时也是武汉都市圈的规划城市之一，黄石市地处长江黄金水道，独特的地理区位优势使其有望成为全国性综合交通物流枢纽，并且黄石市立足本市特点优势，通过构建"三纵一横"乡村区域发展布局，不断推动农业产业发展。同时，黄石市重视人才的引领作用，出台如《关于支持重点产业链企业聚才用才的若干措施》等政策来吸引、集聚优秀人才；另外，黄石市充分发挥农村实用人才、乡土拔尖人才等示范带动作用，打造农业精英队伍，为农业产业发展提供动力。

　　组态 2 原始覆盖度为 0.169，唯一覆盖度为 0.002，一致性为 0.858。表明该组态路径能够解释 16.9% 的高农产品流通效率案例。另外，约 0.2% 的高农产品流通效率案例仅能被这条路径所解释，并且在满足组态 2 的案例中，有 85.8% 的案例农产品流通效率呈现较高水平。组态 2 代表城市为咸宁，咸宁市作为全国首批"科创中国"试点城市，科技创新基础丰厚，为数字经济发展打下基础。咸宁市不断推动传统公共服务与新一代互联网络的汇聚整合，着力打造智能交通、现代物流、智慧农业等智慧民生服务。同时，咸宁市坚持人才第一资源理念，近几年实施"南鄂英才计划""才聚荆楚·志在咸宁"等工程，为引进高层次人才和创新团队提供政策支撑。因此，咸宁市农产品流通产业走上一条以人力资源为主导、数字经济为辅的效率提升之路。

　　②环境带动型。组态 3 以产业结构为核心条件，在技术创新、数字经济以及政府支持缺乏的情况下，能够实现高农产品流通效率。通过优化产业结构，增加第三产业在经济中的比重，为提升农产品流通效率提供优质发展环境。产业结构在组态 3 中发挥核心作用，将组态 3 命名为"环境带动型"路径。组态 3 原始覆盖度为 0.232，唯一覆盖度为 0.050，一致性为 0.789。表明该组态路径能够解释 23.2% 的高农产品流通效率案例。另外，约 5.0% 的高农产品流通效率案例仅能被这条路径所解释，并且在满足组态 3 的案例中，

有78.9%的案例农产品流通效率呈现较高水平。组态3代表城市为随州，根据随州市统计局数据，2022年随州市的三次产业结构为14.2：44.1：41.7，相较于2015年的16.9：47.9：35.2，产业结构更加优化，服务业占比快速上升。这得益于随州市大力发展现代农业、先进制造业和现代服务业，推进传统产业转型升级。在优质的发展环境下，随州市重点围绕香菇、香稻、油茶等特色农产品产业，统筹布局生产、加工、物流、研发、示范、服务等功能，促进农产品流通产业提升效率。

③技术—组织协同型。组态4以技术创新、数字经济、产业结构以及批零基础为核心条件，在核心条件人力资源缺失的情况下，能实现高农产品流通效率。组态4中，核心条件来自技术和组织两方面，因此命名为"技术—组织协同型"路径。组态4原始覆盖度为0.214，唯一覆盖度为0.067，一致性为0.806。表明该组态路径能够解释21.4%的高农产品流通效率案例。另外，约6.7%的高农产品流通效率案例仅能被这条路径所解释，并且在满足组态4的案例中，有80.6%的案例农产品流通效率呈现较高水平。组态4代表城市为襄阳，襄阳市作为湖北省农业大市，自身批零基础雄厚，还通过不断构建完善智慧物流、农产品冷链物流和城市共同配送网络体系，来推进农产品产业化发展。同时打造"襄阳云谷"数字经济产业链集群，大力发展与制造业、服务业以及农业等领域融合创新的数字产业，以数字经济发展和技术创新推动批发零售、住宿餐饮、交通运输等劳动密集型服务业转型升级。因此，襄阳市在提升农产品流通效率方面，走出一条"技术—组织协同型"的发展路径。

（2）低农产品流通效率的组态路径

进一步分析产生低农产品流通效率的组态路径，选择0.8作为一致性阈值，案例频数阈值设定为2，得到的低农产品流通效率条件组态共有两条。由表8-7可知，组态1显示，在缺乏技术创新和政府支持的环境里，即使有高的数字经济发展水平，农产品流通效率也不高；组态2显示，在产业结构不合理的情况下，即使有政府支持和数字经济发展，也难以促进农产品流通效率的提升。本章发现，数字经济对农产品流通效率的促进作用不太充足，在缺少其他核心条件的情形下，难以依靠数字经济发展的驱动作用，需要进一步研究数字经济对农产品流通效率的作用机制。

表 8 – 7 低农产品流通效率的实现路径

条件因素	低农产品流通效率条件组态	
	组态 1	组态 2
技术创新	⊗	●
数字经济	●	●
人力资源	●	●
政府支持	⊗	●
产业结构		⊗
发展基础	●	●
原始覆盖度	0.230	0.181
唯一覆盖度	0.094	0.045
一致性	0.796	0.824
总体解的覆盖度	0.275	
总体解的一致性	0.792	

注：●、⊗分别表示核心条件的存在与缺失；●表示边缘条件的缺失，空白表示条件在该组态下不存在，下文同。

（3）影响因素的作用分析

根据对高农产品流通效率和低农产品流通效率组态路径的分析，可以发现在实现高农产品流通效率的组态路径中，人力资源和产业结构对推动农产品流通效率提升起到关键作用，分别在组织引领型、环境带动型以及技术—组织协同型路径中起到核心作用，而在实现低农产品流通效率的组态中，数字经济发展水平展现出推动力不足的现象，即使数字经济作为核心条件存在，仍无法促进农产品流通效率提升。数字经济及其衍生的数字技术是推动高质量发展的引擎，有着加快资源要素流动、重构市场主体组织模式以及推动产业融合的重要作用，在数字经济发展的过程中，往往对产业发展起到促进作用，但在推动农产品流通效率提升中却展现出与理论相反的情况。为更加清晰地了解数字经济对农产品效率的影响机制，仍需进一步探究两者之间的关系。

8.3.3 稳健性检验

为保证结果稳健性，进行稳健性检验。与其他方法不同的是，QCA 的稳健性检验，只需保证检验结果与原始模型间具有明确子集关系，则可以认为是稳健的[174]。参考怀特等（White et al.）[186]的研究，对高农产品流通效率条件组态的一致性阈值进行调整，将其由 0.8 提升至 0.9，见表 8 - 8 的组态 1 和组态 2。可以看出，调整一致性阈值之后得出的组态 1 与原模型一致，组态 2 为原模型的子集。参考莱帕宁等（Leppänen et al.）[187]的研究，对低农产品流通效率条件组态的频数阈值进行调整，将其由组态 2 提升至组态 3，见表 8 - 8 中的组态 3 和组态 4。由表 8 - 8 可知，低农产品流通效率的条件组态与前文所得基本一致。由此证明研究结论较为稳健。

表 8 - 8 稳健性检验结果

条件因素	高农产品流通效率条件组态		低农产品流通效率条件组态	
	组态 1	组态 2	组态 3	组态 4
技术创新	⊗	⊗	⊗	●
数字经济	⊗	●	●	●
人力资源	●	●	●	●
政府支持	⊗		⊗	
产业结构	⊗	●	⊗	⊗
发展基础	⊗	●		
原始覆盖度	0.249	0.140	0.204	0.181
唯一覆盖度	0.130	0.021	0.068	0.045
一致性	0.946	0.942	0.802	0.824
总体解的覆盖度	0.271		0.249	
总体解的一致性	0.935		0.797	

注：●、⊗分别表示核心条件的存在与缺失；• 表示边缘条件的缺失，空白表示条件在该组态下不存在，下文同。

8.3.4　异质性分析

受武汉都市圈建设影响，农产品流通效率在不同城市具有明显的差异性。同时，武汉都市圈建设也会使得不同城市在技术、组织以及环境三方面的发展产生异质性。为探究武汉都市圈建设对组态路径的异质性影响，将湖北 12 市划分为两组进行分析，其中一组为武汉、黄石、鄂州、黄冈、孝感、咸宁，均为武汉都市圈规划城市；另一组为十堰、宜昌、襄阳、荆门、荆州、随州，均不属于武汉都市圈规划城市（见表 8 - 9 和表 8 - 10）。

表 8 - 9　　　　武汉都市圈规划城市高农产品流通效率的实现路径

条件因素	高农产品流通效率条件组态		
	组态 1	组态 2	组态 3
技术创新		⊗	⊗
数字经济	●	●	⊗
人力资源	●	⊗	●
政府支持	●	⊗	⊗
产业结构	●	⊗	⊗
批零基础	●	⊗	⊗
原始覆盖度	0.319	0.201	0.250
唯一覆盖度	0.200	0.012	0.059
一致性	0.863	0.860	0.947
总体解的覆盖度	0.461		
总体解的一致性	0.853		

注：●、⊗分别表示核心条件的存在与缺失；• 表示边缘条件的缺失，空白表示条件在该组态下不存在，下文同。

由表 8 - 9 可知，武汉都市圈规划城市实现高农产品流通效率的组态路径共有 3 条，总体解的一致性以及每条组态路径的一致性均大于 0.75，表明 3 条组态路径均为实现高农产品流通效率的充分条件。总体解一致性水平为

0.853，表明满足这 3 条组态路径的案例中，有 85.3% 的案例为高农产品流通效率；总体解的覆盖度为 0.461，说明该 3 条组态路径可以解释 46.1% 实现高农产品流通效率的案例。进一步分析 3 条组态路径：

（1）组态 1 以政府支持、批零基础为核心条件，数字经济、人力资源、产业结构为边缘条件，实现高农产品流通效率。组态 1 中，核心条件来自组织和环境两方面，因此命名为"组织—环境协同型"路径。组态 1 原始覆盖度为 0.319，唯一覆盖度为 0.200，一致性为 0.863。表明该组态路径能够解释 31.9% 的高农产品流通效率案例。另外，约 20.0% 的高农产品流通效率案例仅能被这条路径所解释，并且在满足组态 1 的案例中，有 86.3% 的案例农产品流通效率呈现较高水平。组态 1 代表城市为武汉，作为湖北省会，武汉市自身经济基础雄厚，具有完善的批发零售产业链，在政府财政资金支持下，依托数字经济和人力资源，走出一条"组织—环境协同型"的农产品流通效率提升路径。

（2）组态 2 以数字经济为核心条件，在核心条件产业结构和批零基础缺乏的情况下，能实现高农产品流通效率。组态 2 中，核心条件来自技术层面，因此命名为"技术带动型"路径。组态 2 原始覆盖度为 0.201，唯一覆盖度为 0.012，一致性为 0.860。表明该组态路径能够解释 20.1% 的高农产品流通效率案例。另外，约 1.2% 的高农产品流通效率案例仅能被这条路径所解释，并且在满足组态 2 的案例中，有 86.0% 的案例农产品流通效率呈现较高水平。组态 2 代表城市为咸宁，与前文表 8-6 所示结果不同的是，在单独对武汉都市圈规划城市进行分析时，咸宁市农产品流通效率提升路径由以人力资源为核心条件、数字经济为边缘条件的"组织引领型"路径转为以数字经济为核心条件的"技术带动型"。说明在分组之后，相比武汉都市圈其他规划城市，咸宁市人力资源优势有所下降，但咸宁市仍然可以依靠数字经济优势实现高农产品流通效率，体现效率提升路径的"殊途同归"特征。

（3）组态 3 以人力资源为核心条件，在核心条件批零基础缺乏的情况下，能实现高农产品流通效率。组态 3 中，核心条件来自组织层面，因此命名为"组织带动型"路径。组态 3 原始覆盖度为 0.250，唯一覆盖度为 0.059，一致性为 0. 947。表明该组态路径能够解释 25. 0% 的高农产品流通效率案例。另外，约 5. 9% 的高农产品流通效率案例仅能被这条路径所解释，并且在满足组态 3 的案例中，有 94. 7% 的案例农产品流通效率呈现较高水平。组态 3 代表城市为黄石，与前文表 8 - 6 所示结果相同，均为以人力资源为核心条件的"组织带动型"路径，再次证明研究结果的稳健性。

表 8 - 10　　　非武汉都市圈规划城市高农产品流通效率的实现路径

条件因素	高农产品流通效率条件组态	
	组态 1	组态 2
技术创新		⊗
数字经济		⊗
人力资源	⊗	⊗
政府支持	⊗	⊗
产业结构	●	⊗
批零基础	●	
原始覆盖度	0. 250	0. 389
唯一覆盖度	0. 084	0. 224
一致性	0. 939	0. 807
总体解的覆盖度	0. 474	
总体解的一致性	0. 825	

注：●、⊗分别表示核心条件的存在与缺失；·表示边缘条件的缺失，空白表示条件在该组态下不存在，下文同。

由表 8 - 10 可知，非武汉都市圈规划城市实现高农产品流通效率的组态路径共有两条，与武汉都市圈规划城市实现高农产品流通效率的组态路径出现明显差异性。总体解的一致性以及每条组态路径的一致性均大于 0. 75，表明两条组态路径均为实现高农产品流通效率的充分条件。总体解一致性水平为 0. 825，表明满足这两条组态路径的案例中，有 82. 5% 的案例为高农产品流通效率；总体解的覆盖度为 0. 474，说明这两条组态路径可以解释 47. 4% 实现高农产品流通效率的案例。进一步分析两种组态路径：

（1）组态 1 以批零基础为核心条件，在核心条件人力资源缺乏的情况下，能实现高农产品流通效率。组态 1 中，核心条件来自环境方面，因此命名为"环境带动型"路径。组态 1 原始覆盖度为 0.250，唯一覆盖度为 0.084，一致性为 0.939。表明该组态路径能够解释 25.0% 的高农产品流通效率案例。另外，约 8.4% 的高农产品流通效率案例仅能被这条路径所解释，并且在满足组态 1 的案例中，有 93.9% 的案例农产品流通效率呈现较高水平。组态 1 代表城市为随州，前文表 8-6 分析结果中随州市是以产业结构为核心条件的"环境带动型"路径，异质性分析中的核心条件为批零基础，表明随州市的批零基础在非武汉都市圈规划城市中占有较大优势，有效促进了农产品流通效率。

（2）组态 2 在核心条件技术创新、数字经济、人力资源以及政府支持缺乏的情况下，能实现高农产品流通效率。由于组态 2 中没有核心条件存在，因此命名为"开拓型"路径。组态 2 原始覆盖度为 0.389，唯一覆盖度为 0.224，一致性为 0.807。表明该组态路径能够解释 38.9% 的高农产品流通效率案例。另外，约 22.4% 的高农产品流通效率案例仅能被这条路径所解释，并且在满足组态 2 的案例中，有 80.7% 的案例农产品流通效率呈现较高水平。组态 2 代表城市为荆门，相比较其他城市，荆门市技术、组织和环境三方面的因素发展相对滞后，在缺少技术、组织、环境因素支撑的情况下，荆门市锐意进取、开拓创新，充分利用已有资源提升农产品流通效率。

8.4　本章小结

农产品流通效率的提升具有重要的现实意义，农产品流通产业发展过程中会受到来自技术、组织以及环境等多方面因素的影响。本章借助 TOE 理论，从"技术—组织—环境"三方面选择影响因素，并通过 QCA 分析不同因素之间对农产品流通效率的组态效应。单一条件的必要性分析表明所选条件因素单独都不构成农产品流通效率的必要条件；形成高农产品流通效率的组态路

径共有 4 条，并将其分为组织引领型、环境带动型以及技术—组织协同型三
类；而产生低农产品流通效率的组态路径共有两条，数字经济作为核心条件
存在，出现与理论相悖的现象，仍需进一步探究数字经济与农产品流通效率
之间的关系；通过调整一致性阈值和频数阈值的方式进行稳健性检验，所得
结果较为稳健；最后，探究武汉都市圈建设的异质性作用，武汉都市圈规划
城市高农产品流通效率的实现路径与非武汉都市圈规划城市有显著不同。武
汉都市圈规划城市实现高农产品流通效率的组态路径共有 3 条，并将其分为
组织—环境协同型、技术带动型和组织带动型；非武汉都市圈规划城市实现
高农产品流通效率的组态路径共有两条，并将其分为环境带动型和开拓型。
研究可为后续章节的分析提供理论支撑。

第 9 章

数字经济对湖北省农产品
流通效率的影响

　　数字经济是把握新一轮科技革命和产业变革新机遇的战略选择，数字经济的发展为农产品流通产业发展提供新契机，而在第 8 章的分析中，数字经济作为核心条件存在，出现与理论相悖的现象，仍需进一步探究数字经济与农产品流通效率之间的关系。因此，本章进一步探究数字经济对农产品流通效率的作用机理，将数字经济作为关键影响因素进行计量检验，分析数字经济发展对湖北省农产品流通效率的影响。

9.1　理论分析

　　资源要素禀赋与结构影响农产品流通效率提升，要素禀赋指农产品流通中的资源要素，数量与质量是衡量要素禀赋的标准；要素结构则是资源要素实际配置中不同要素间的相对比例关系。农产品流通效率的提升，在于供给端的投入要素扩容以及需求端的产出水平平衡，生产要素投入过少以及投入产出要素失衡均会造成农产品流通效率低下问题。所以，促进农产品流通效率提升亟须一个强大的外力，来扩容农产品流通产业投入要素，维持投入产出要素结构平衡。当前，国家提出推动数字经济发展，为农产品流通效率提升带来新机遇，数字化的信息和知识要素作为投入要素，突破了农产品流通产业投入增长极限，不同要素之间的快速流动、交流和融合，有助于促进农产品流通产业主体创新，实现农产品流通市场供需平衡，从而提升农产品流通效率。

理论上，数字经济的高渗透性和强融合性，促进以现代信息与通信为主的数字技术高速进步，农产品流通主体借助数字技术实现数字创新，进而推动数字经济发展，数字经济、数字技术与数字创新三者间形成良性循环，进而带动农产品流通产业发展。然而，数字经济对农产品流通产业的改造并非一蹴而就，需要一定的时间过程。一方面，在数字经济发展的初期，需要增加人、财、物的投资以及引入先进技术和设备，面对资源相对有限的现状，数字经济发展所消耗的资源，会对农产品流通产业产生"挤兑效应"，生产要素投入降低，影响农产品流通效率的提升。同时，数字经济发展所带来的新型要素，会对农产品流通产业中的传统要素产生"替代效应"，改变农产品流通产业要素结构，农产品流通产业无法跟上快速更迭的数字技术水平，导致农产品流通产业要素配置扭曲，进而抑制农产品流通效率提升。另一方面，数字经济发展与数字技术、数字创新相关联，原本资源基础较好的地区，将率先依托本地资源发展数字经济，而在一些农村地区，数字设备、数字投资、数字消费以及数字能力等方面处于相对劣势，造成数字经济发展水平的"两极化"。不同于其他产业，农产品流通的顺畅与否，在于农村与城市之间的衔接度，城市数字要素与农村农产品流通产业传统要素之间的不相匹配，可能导致农产品流通产业要素配置扭曲，进而抑制农产品流通效率提升。

虽然数字经济发展的过程中会对农产品流通效率的提升产生抑制效应，但这种抑制是短期的。在数字经济发展初期，需要对资源要素进行整合和重组，淘汰和替换传统要素，但随着农村产业发展的日益成熟以及流通组织的完善，长期来看，数字经济发展最终会对农产品流通效率产生积极的促进效应。一方面，数字经济发展本质上是指数字技术和信息技术的应用和推广，随着数字经济建设的推进，数字技术在农产品流通产业发展过程中转化为生产力，从而优化农产品流通产业结构，推动生产、生活和治理方式变革。另一方面，数字技术的发展，为推动农产品流通效率提升提供要素配置动能，随着数字技术融入农产品流通产业中，将带动知识、技术、信息等新型生产要素在农产品流通产业中的流动，加快要素配置效率，实现产出最大化。据此，本章提出假设1。

假设1：数字经济发展与农产品流通效率是先抑制后促进的"U"形非线性关系。

产业集聚现象是指在特定地理区域内，同一产业或相关产业倾向于集中发展的现象。马歇尔（Marshall）[188]提出的产业区位论，解释了产业集聚的形成原因，以及产业集聚对经济发展的影响。一方面，产业集聚促使生产要素（劳动力、资本、技术等）在空间上更为集中和高效配置。这种集中配置可以带来规模经济效应和聚集效应，降低生产成本，提高生产效率。同时，不同产业的要素相互之间的配合与协同也更为便利，推动整体生产要素的优化配置。另一方面，在产业集聚区域内，企业和机构之间的密切联系和互动促进了知识的共享和创新。不同企业之间的技术和经验交流以及专业人才的跨领域合作，可以加速新技术、新产品和新理念的产生。知识溢出效应的加强有助于提升整个地区的创新能力和竞争力。此外，产业集聚促进了要素的流通，包括劳动力、原材料、中间产品等的便捷流动。这些要素在一定地理区域内更为集中，流通成本更低，流程更加高效。

农产品流通效率的提升，就是流通产业内部要素流动速率加快、要素配置效率提升的体现。而农产品流通产业的发展往往和第一产业集聚以及第三产业集聚之间存在着密切的关系，农产品流通产业与第一产业以及第三产业在产业链或价值链上具有内在的经济关联。第一产业集聚是指农业、林业、渔业等原始生产部门在特定区域内相对密集地集中发展的现象，第一产业集聚促进了农产品流通产业的发展，农产品流通产业的采购、储存、运输、加工、批发和零售等环节，需要各种专业化的企业和机构进行协同合作，在第一产业集聚水平较高的地区，由于农产品生产规模相对较大，农产品流通产业可以更好地实现规模化运作，形成完善的供应链和流通网络。第三产业集聚是指不同类型的服务业在特定地理区域内相互聚集形成产业集群的现象，包括金融、零售、旅游、教育、医疗等服务领域，农产品流通产业的发展需要服务业的支持，而这些服务业的发展又依赖于农产品的供应和市场需求，通过密切的合作与协同，可以形成产业链上下游的良性循环，推动整个农产品流通产业的发展。

产业协同集聚是指不同产业或企业在同一地区或相互关联的地区内形成一种合作关系，通过资源共享、信息交流、技术创新等方式相互促进、协同发展的过程。这种集聚形式旨在提高整体竞争力、促进创新和增加经济效益。一三产业的协同集聚，使得供应链可以向农村延伸，打破"最初一公里"难题，同时可以优化农产品供应链，使生产和销售环节更加紧密衔接；一三产业协同集聚可以打破传统的产业边界，提供更多的市场机会，推动电子商务、金融等行业走向农村，带动农产品流通的多元化和创新发展；一三产业协同集聚可以借助信息技术和互联网等手段，提高农产品流通的信息化水平，加快信息要素的传递速度和准确性，有助于消除信息不对称，提高市场透明度，使农产品流通更加高效和便捷。

与第一产业集聚、第三产业集聚等单一产业集聚相比，一三产业协同集聚反映了第一产业与第三产业之间的产业链重构和价值链整合。一三产业协同集聚，并非第一产业集聚效应和第三产业集聚效应的简单相加，而是基于产业间的垂直或纵向关联，释放出两大产业关联经营主体间的知识、技术及管理的溢出效应，以及基于产业链延伸、价值链整合而引致的要素再配置效应。因此，在一三产业协同集聚的调节下，可以减轻数字技术与农产品流通产业的不适配性，同时减少数字经济发展初期对农产品流通产业所带来的要素配置扭曲现象。据此，本章提出假设2。

假设2：一三产业协同集聚在数字经济影响农产品流通效率的过程中具有正向调节效应。

随着武汉都市圈建设的推进，产业链上配套设施和服务趋于完善，促使人力、自然、技术资源得到充分的共享和互补利用；不同城市之间的合作和交流，加速了科技成果的传播，推动创新能力的提升，进一步加强了产业集聚效应；跨城市的政府合作，政策协同力度的加强，有助于优化产业环境和营商条件。因此，武汉都市圈建设会影响一三产业协同集聚的调节作用，并且会在武汉都市圈建设城市与非武汉都市圈建设城市之间产生异质性。据此，本章提出假设3。

假设3：武汉都市圈建设会影响一三产业协同集聚的调节作用，产生异质性。

9.2 模型构建与数据来源

9.2.1 模型构建

构建如公式（9-1）～公式（9-4）所示的回归模型，验证数字经济对农产品流通效率的"U"形影响，以及产业集聚在数字经济影响农产品流通效率中的调节效应：

$$\ln RuRe_{i,t} = \delta_0 + \delta_1 DiEc_{i,t} + \delta_2 DiEc_{i,t}^2 + \delta_3 X_{i,t} + \mu_i + \nu_t + \xi_{i,t} \quad (9-1)$$

$$\ln RuRe_{i,t} = \varepsilon_0 + \varepsilon_1 DiEc_{i,t} + \varepsilon_2 DiEc_{i,t}^2 + \varepsilon_3 DiEc_{i,t} \times \ln Ps_{i,t} + \varepsilon_4 DiEc_{i,t}^2 \times$$
$$\ln Ps_{i,t} + \varepsilon_5 \ln Ps_{i,t} + \varepsilon_6 X_{i,t} + \mu_i + \nu_t + \xi_{i,t} \quad (9-2)$$

$$\ln RuRe_{i,t} = \epsilon_0 + \epsilon_1 DiEc_{i,t} + \epsilon_2 DiEc_{i,t}^2 + \epsilon_3 DiEc_{i,t} \times \ln Ts_{i,t} + \epsilon_4 DiEc_{i,t}^2 \times$$
$$\ln Ts_{i,t} + \epsilon_5 \ln Ts_{i,t} + \epsilon_6 X_{i,t} + \mu_i + \nu_t + \xi_{i,t} \quad (9-3)$$

$$\ln RuRe_{i,t} = \alpha_0 + \alpha_1 DiEc_{i,t} + \alpha_2 DiEc_{i,t}^2 + \alpha_3 DiEc_{i,t} \times \ln Co_{i,t} + \alpha_4 DiEc_{i,t}^2 \times$$
$$\ln Co_{i,t} + \alpha_5 \ln Co_{i,t} + \alpha_6 X_{i,t} + \mu_i + \nu_t + \xi_{i,t} \quad (9-4)$$

其中，$DiEc$、$DiEc^2$ 分别为数字经济及其二次项，$\ln RuRe$ 为农产品流通效率的对数值，$\ln Ps$、$\ln Ts$ 以及 $\ln Co$ 分别表示第一产业集聚、第三产业集聚以及一三产业协同集聚指数的对数值，X 为一系列控制变量，μ_i 为城市 i 的个体固定效应，ν_t 为年份固定效应，$\xi_{i,t}$ 为随机扰动项，δ、ε、ϵ、α 为回归系数。根据汉斯等（Hanns et al.）[189]的研究，调节变量对"U"形关系的调节作用可以从两方面进行验证：第一是曲线拐点的移动，以 $\ln Ps$ 为例，"U"形曲线拐点计算公式为 $DiEc^* = (-\varepsilon_1 - \varepsilon_3 \ln Ps)/(2\varepsilon_2 + 2\varepsilon_4 \ln Ps)$，求拐点对调节变量的偏导，计算公式为 $\partial DiEc^*/\partial \ln Ps = 0.5 \times (\varepsilon_1\varepsilon_4 - \varepsilon_2\varepsilon_3)/(\varepsilon_2 + \varepsilon_4 \ln Ps)^2$，若 $\varepsilon_1\varepsilon_4 - \varepsilon_2\varepsilon_3 > 0$，拐点位置向右移动，若 $\varepsilon_1\varepsilon_4 - \varepsilon_2\varepsilon_3 < 0$，拐点位置向左移动；第二是曲线斜率的变化，对于"U"形曲线，若 ε_4 为正，曲线在调节变量的影响下更陡峭，若 ε_4 为负，曲线则变平坦。

9.2.2　指标选择

被解释变量农产品流通效率（$\ln RuRe$）为第 6 章测度的 2011～2021 年湖北省 12 市农产品流通效率的对数值，核心解释变量数字经济（$DiEc$）的衡量方式与第 8 章 TOE 理论框架的前因条件一致。

调节变量主要包括第一产业集聚、第三产业集聚以及一三产业协同集聚指数，参考刘佳丽等[190]的研究，使用区位熵的计算方法对产业集聚程度进行测度，具体如下：

（1）第一产业集聚程度（Ps）

$$Ps_{i,t} = \frac{\dfrac{A_{i,t}}{A_t}}{\dfrac{N_{i,t}}{N_t}} \tag{9-5}$$

其中，$A_{i,t}$ 表示在 t 时期城市 i 的第一产业产值，A_t 表示 t 时期湖北省的第一产业产值，$N_{i,t}$ 表示在 t 时期城市 i 的所有产业生产总值，N_t 表示 t 时期湖北省的所有产业生产总值。若 Ps 大于 1，说明该城市第一产业集聚程度高于湖北省平均水平；若 Ps 小于 1，则说明该城市第一产业集聚程度低于湖北省平均水平。

（2）第三产业集聚程度（Ts）

$$Ts_{i,t} = \frac{\dfrac{T_{i,t}}{T_t}}{\dfrac{N_{i,t}}{N_t}} \tag{9-6}$$

其中，$T_{i,t}$ 表示在 t 时期城市 i 的第三产业产值，T_t 表示 t 时期湖北省的第三产业产值，$N_{i,t}$ 表示在 t 时期城市 i 的所有产业生产总值，N_t 表示 t 时期湖北省的所有产业生产总值。若 Ts 大于 1，说明该城市第三产业集聚程度高于湖北省平均水平；若 Ts 小于 1，则说明该城市第三产业集聚程度低于湖北省平均水平。

(3) 一三产业协同集聚程度（Co）

$$Co_{i,t} = 1 + \frac{\mid Ps_{i,t} - Ts_{i,t} \mid}{\mid Ps_{i,t} + Ts_{i,t} \mid} \qquad (9-7)$$

其中，$Ps_{i,t}$ 和 $Ts_{i,t}$ 分别为各城市的第一产业区位熵以及第三产业区位熵。一三产业协同集聚指数 $Co_{i,t}$ 的数值越高，说明该地一三产业协同集聚水平越高；反之，则表明该地的一三产业协同发展水平越低。

为保证模型的稳健性，选取以下指标加入模型中进行控制，为缓解异方差，对控制变量取对数处理：（1）对外开放（$\ln Op$），采用当年实际使用外资金额与本市 GDP 的比值（%）来衡量；（2）经济发展水平（$\ln Ec$），采用人均地区生产总值（万元）来衡量；（3）产业创新基础（$\ln In$），采用高新技术产业增加值（亿元）来表示；（4）基础设施（$\ln Ba$），采用人均道路面积（平方米）来衡量；（5）金融发展水平（$\ln Fi$），借助贷款余额占 GDP 的比重（%）来表示；（6）邮电业务（$\ln Te$），采用邮电业务总量与总人口的比值来衡量（%）；（7）城市化水平（$\ln Ur$），采用城市人口与总人口的比值来衡量（%）；（8）工业发展基础（$\ln IED$），采用规模以上工业企业数与总人口的比值来衡量（%）。各变量的描述性统计，如表 9-1 所示。

表 9-1　　　　　　　　　　变量的描述性统计

变量	变量名	变量符号	均值	标准差	最小值	最大值	样本数
被解释变量	农产品流通效率	$\ln RuRe$	-0.282	0.338	-1.041	0.317	132
核心解释变量	数字经济	$DiEc$	0.226	0.147	0.037	0.783	132
控制变量	对外开放	$\ln Op$	-4.836	0.937	-6.933	-2.935	132
	经济发展水平	$\ln Ec$	10.812	0.509	9.736	12.153	132

续表

变量	变量名	变量符号	均值	标准差	最小值	最大值	样本数
控制变量	产业创新基础	ln*In*	5.466	1.049	3.129	8.487	132
	基础设施	ln*Ba*	2.905	0.338	2.252	3.962	132
	金融发展水平	ln*Fi*	-0.393	0.362	-1.046	0.821	132
	邮电业务	ln*Te*	6.446	0.838	2.850	8.013	132
	城市化水平	ln*Ur*	-1.730	0.607	-3.211	-0.587	132
	工业发展基础	ln*IED*	1.031	0.277	0.223	1.610	132
调节变量	第一产业集聚	ln*Ps*	0.208	0.525	-1.352	0.893	132
	第三产业集聚	ln*Ts*	-0.128	0.125	-0.294	0.266	132
	一三产业协同集聚	ln*Co*	0.237	0.124	0.005	0.512	132

9.3　实证分析

9.3.1　基准回归

表9-2展示了数字经济发展对农产品流通效率的基准回归结果，其中结果（1）未加入控制变量，数字经济的系数为-2.457，在1%的水平上负向显著，数字经济平方项的系数为2.730，在1%的水平上显著为正；结果（2）为加入控制变量后的回归结果，数字经济的系数为-2.811，在1%的水平上负向显著，数字经济平方项的系数为3.137，在1%的水平上显著为正。两次回归均对时间和城市个体效应进行固定，加入控制变量前后，数字经济系数均显著为负、数字经济二次项回归系数均显著为正，初步判断符合正"U"形关系特征：在数字经济发展的初期会抑制农产品流通效率提升，随着发展程度增加会对农产品流通效率提升产生促进作用。

表 9 – 2   基准回归结果

| 变量 | lnRuRe | | | |
| | (1) | | (2) | |
	系数	标准误	系数	标准误
$DiEc$	– 2.457 ***	0.836	– 2.811 ***	0.847
$DiEc^2$	2.730 ***	0.884	3.137 ***	0.959
$\ln Op$			– 0.078	0.049
$\ln Ec$			0.018	0.409
$\ln In$			– 0.003	0.115
$\ln Ba$			– 0.273 **	0.120
$\ln Fi$			0.288	0.372
$\ln Te$			0.093	0.111
$\ln Ur$			– 0.142	0.215
$\ln IED$			– 0.232	0.344
时间固定	是		是	
个体固定	是		是	
常数项	0.076	0.142	– 0.127	4.349
R^2	0.625		0.667	

注：** 和 *** 分别为 5% 和 1% 的显著性水平，采用聚类稳健标准误。

为直观观察随时间变化下，数字经济对农产品流通效率影响的动态变化，参考张丽君等[191]的研究方法，在模型中引入数字经济与各年份的交叉项，以 2011 年作为基期使用双向固定效应模型进行回归，结果如表 9 – 3 所示。基期 2011 年数字经济回归系数在 1% 的水平上显著为负，此时数字经济发展对农产品流通效率起到抑制作用，处于"U"形曲线拐点的左侧。从 2012 年开始，数字经济发展水平系数符号变为正，表示 2012 ~ 2021 年数字经济发展对农产品流通效率的影响起到促进的作用，至少在 5% 的水平上显著，且回归系数大小呈现波动上升趋势，表明数字经济发展提升正不断促进农产品流通效率的提升。

表9-3　　　　　　　数字经济对农产品流通效率影响的时间趋势分析

变量	lnRuRe	
	系数	标准误
数字经济发展水平（基期 = year2011）	-2.803 ***	1.066
数字经济发展水平 × year2012	1.033 *	0.609
数字经济发展水平 × year2013	1.619 *	0.947
数字经济发展水平 × year2014	1.734 **	0.721
数字经济发展水平 × year2015	1.920 **	0.766
数字经济发展水平 × year2016	1.940 **	0.780
数字经济发展水平 × year2017	2.232 ***	0.773
数字经济发展水平 × year2018	1.999 **	0.793
数字经济发展水平 × year2019	2.297 ***	0.678
数字经济发展水平 × year2020	2.002 ***	0.732
数字经济发展水平 × year2021	2.173 **	0.999
时间固定	是	
个体固定	是	
控制变量	是	
常数项	3.101	6.700
R^2	0.668	

注：** 和 *** 分别为5%和1%的显著性水平，采用聚类稳健标准误。

　　进一步对数字经济影响农产品流通效率的"U"形关系进行 utest 检验，重点考察曲线左右端点处斜率左负右正以及拐点（极值点）估计值在样本数据取值范围内的要求，并绘制数字经济与农产品流通效率之间的"U"形关系图。如表9-4和图9-1所示，数字经济影响农产品流通效率的"U"形关系的拐点为0.356，处于取值区间 [0.037，0.783]，同时左右端点斜率为 -2.576 和2.104，满足左负右正要求，分别在1%和5%的水平上显著，满足"U"形关系的条件。

表 9 – 4　　　　　　　　　　　　　"U" 形关系检验

utest 检验	lnRuRe	
数字经济 DiEc（下上限）	0. 037	0. 783
左右端点斜率	– 2. 576	2. 104
左右端点斜率显著性	（ – 3. 268）***	（2. 668）**
曲线拐点	0. 356	
Fieller 置信区间 95%	[0. 292，0. 699]	
整体显著性水平	（2. 270）**	

注：（ ）内为 t 值。 ** 和 *** 分别为 5% 和 1% 的显著性水平，采用聚类稳健标准误。

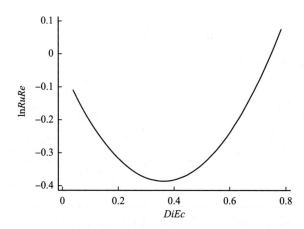

图 9 – 1　农产品流通效率与数字经济的 "U" 形关系

注：笔者借助 Stata 软件制作。

　　通过实证分析表明，随着数字经济的提升，农产品流通效率呈现先降低后提升的趋势，进一步验证前文假设成立。同时，也解释了第 8 章表 8 – 7 的研究结论：即使有高的数字经济发展水平，农产品流通效率也不高。表 8 – 7 组态 1 典型案例为 2017 年的鄂州市，根据测度结果，当年鄂州市数字经济发展水平为 0. 249，位于 "U" 形曲线拐点的左侧（小于 0. 356）；组态 2 典型案例为 2017 年的宜昌市，当年宜昌市数字经济发展水平为 0. 256，也位于 "U" 形曲线拐点的左侧。在实现低农产品流通效率的组态中，数字经济发展水平作为核心条件存在，但此时数字经济发展水平还未跨过曲线拐点，展现出促进农产品流通效率提升力度不足的现象。为促进农产品流通效率的提升，以鄂州和宜昌为代表的城市应继续推动数字经济建设，发挥出数字经济的动力引擎作用。

9.3.2　稳健性检验

为确保回归结果的稳健性，本章采用面板双向固定效应模型，通过控制时间和城市个体效应确保结果稳健性，同时报告不控制时间和城市个体效应、控制时间单一个体效应、控制城市单一个体效应以及对数据进行左右 1% 缩尾处理四种方式进行稳健性检验，结果如表 9 - 5 所示。稳健性检验结果与前文的基准回归估计基本一致，从而验证基准回归结论的稳健性。

表 9 - 5　　　　　　　　　　　　　稳健性检验结果

变量	lnRuRe							
	不控制		控制时间		控制城市		缩尾处理	
	系数	标准误	系数	标准误	系数	标准误	系数	标准误
$DiEc$	- 3.374 ***	0.773	- 3.448 ***	0.934	- 2.379 ***	0.728	- 2.914 ***	0.895
$DiEc^2$	3.726 ***	0.816	3.156 ***	1.076	3.142 ***	0.774	3.354 ***	0.973
控制变量	是		是		是		是	
时间固定	否		是		否		是	
个体固定	否		否		是		是	
常数项	- 0.278	1.490	0.608	1.750	- 0.550	2.495	- 0.129	4.370
R^2	0.342		0.471		0.613		0.666	

注：** 和 *** 分别为 5% 和 1% 的显著性水平，采用聚类稳健标准误。

9.3.3　产业集聚的调节效应

表 9 - 6 报告了产业集聚的调节效应回归结果，结果（1）为公式（9 - 2）

第一产业集聚调节下的回归结果，结果（2）为公式（9 - 3）第三产业集聚调节下的回归结果，结果（3）为公式（9 - 4）一三产业协同集聚调节下的回归结果。并绘制产业集聚对数字经济影响农产品流通效率的调节效应图（见图9 - 2）。

表 9 - 6 调节效应回归结果

变量	（1）		（2）		（3）	
	$\ln RuRe$					
	系数	标准误	系数	标准误	系数	标准误
$DiEc$	- 6.241 ***	2.057	- 0.506	1.155	- 8.453 ***	3.196
$DiEc^2$	8.606 **	3.527	0.561	1.654	10.162 *	5.145
$DiEc \times \ln Ps$	4.836 ***	1.470				
$DiEc^2 \times \ln Ps$	- 1.768	2.162				
$\ln Ps$	- 0.590	0.501				
$DiEc \times \ln Ts$			7.799	8.066		
$DiEc^2 \times \ln Ts$			- 1.277	9.715		
$\ln Ts$			- 2.287	1.363		
$DiEc \times \ln Co$					24.978 ***	8.886
$DiEc^2 \times \ln Co$					- 24.696 **	12.367
$\ln Co$					- 2.377	1.657
控制变量	是		是		是	
时间固定	是		是		是	
个体固定	是		是		是	
常数项	0.198	4.144	1.688	4.615	- 0.018	4.217
R^2	0.695		0.682		0.707	

注： ** 和 *** 分别为5%和1%的显著性水平，采用聚类稳健标准误。

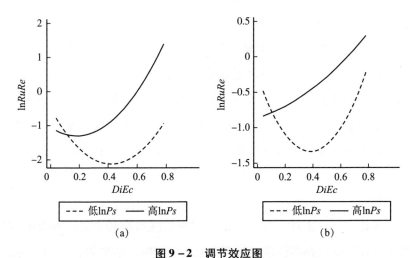

图 9 - 2　调节效应图

注：笔者借助 Stata 软件制作。

　　首先，从第一产业集聚调节下的回归结果来看，数字经济的系数为
- 6.241，在 1% 的水平上负向显著，数字经济平方项的系数为 8.606，在 1%
的水平上显著为正，仍然符合 "U" 形关系；同时，第一产业集聚 $\ln Ps$ 与数
字经济 $DiEc$ 的交乘项在 1% 的水平上显著为正，表明第一产业集聚对数字经
济影响农产品流通效率具有显著的正向调节作用，并且这种作用为线性关系；
另外，由图 9 - 2 (a) 可以看出，第一产业集聚水平较高时，可以延缓数字
经济对农产品流通效率的抑制作用，体现为 "U" 形曲线左侧坡度趋缓、曲
线拐点左移、整体曲线上抬等现象。其次，从第三产业集聚调节下的回归结
果来看，数字经济的系数为 - 0.506，数字经济平方项的系数为 0.561，均不
显著，同时第一产业集聚 $\ln Ps$ 与数字经济 $DiEc$ 的交乘项以及与数字经济平方
项 $DiEc^2$ 的交乘项也均不显著，表明第三产业集聚对数字经济影响农产品流通
效率的调节作用不太明显。最后，从一三产业协同集聚调节下的回归结果来
看，数字经济的系数为 - 8.453，在 1% 的水平上负向显著，数字经济平方项
的系数为 10.162，在 10% 的水平上显著为正，也同样符合 "U" 形关系；同
时，一三产业协同集聚 $\ln Co$ 与数字经济 $DiEc$ 的交乘项在 1% 的水平上显著为
正，表明在线性关系上，一三产业协同集聚对数字经济影响农产品流通效率

具有显著的正向调节作用，并且一三产业协同集聚 $\ln Co$ 与数字经济平方项 $DiEc^2$ 的交乘项在5%的水平上显著为负，表明在非线性关系上，一三产业协同集聚对数字经济影响农产品流通效率具有显著的负向调节作用。另外，由图9-2（b）可以看出，一三产业协同集聚水平较高时，在一三产业协同集聚的调节作用下，数字经济对农产品流通效率的抑制作用逐渐消失，数字经济对农产品流通效率的促进作用更加明显。经过实证分析，再次验证前文假设2，即一三产业的协同集聚会在数字经济对农产品流通效率的影响过程中起到调节作用。

进一步将研究对象划分为武汉都市圈规划城市组和非武汉都市圈规划城市组两类，探究武汉都市圈建设对调节效应的影响，结果如表9-7所示。

表9-7 武汉都市圈规划建设对调节效应的影响

变量	武汉都市圈规划城市组		非武汉都市圈规划城市组	
	$\ln RuRe$			
	系数	标准误	系数	标准误
$DiEc$	-8.181	4.881	-18.161***	6.154
$DiEc^2$	7.480	7.321	26.931**	10.694
$DiEc \times \ln Co$	24.561*	13.351	49.386**	22.115
$DiEc^2 \times \ln Co$	-20.174	17.928	-64.288	46.694
$\ln Co$	2.880	2.620	-5.583**	2.683
控制变量	是		是	
时间固定	是		是	
个体固定	是		是	
常数项	-2.697	4.925	-18.692*	9.615
R^2	0.832		0.785	

注：** 和 *** 分别为5%和1%的显著性水平，采用聚类稳健标准误。

根据前文分析，一三产业协同集聚在数字经济对农产品流通效率的影响过程中起到的调节作用更为显著，因此，仅分析一三产业协同集聚 $\ln Co$ 的调

节效应。首先，从武汉都市圈规划城市组的回归结果来看，数字经济的系数
为 -8.181，数字经济平方项的系数为 7.480，均不显著，但一三产业协同集
聚 $lnCo$ 与数字经济 $DiEc$ 的交乘项在 10% 的水平上显著为正，表明一三产业
协同集聚对数字经济影响农产品流通效率具有显著的正向调节作用，进一步
绘制两者之间的调节效应图，见图 9 – 3（a）。由图 9 – 3（a）可以看出，一
三产业协同集聚水平较高时，可以延缓数字经济对农产品流通效率的抑制作
用，体现为数字经济对农产品流通效率的抑制作用和"U"形关系逐渐消失，
数字经济对农产品流通效率的促进作用更加明显的现象。其次，从非武汉都
市圈规划城市组的回归结果来看，数字经济的系数为 -18.161，在 1% 的水平
上负向显著，数字经济平方项的系数为 26.931，在 5% 的水平上正向显著，
符合"U"形关系；同时，一三产业协同集聚 $lnCo$ 与数字经济 $DiEc$ 的交乘项
在 5% 的水平上显著为正，表明在线性关系上，一三产业协同集聚对数字经济
影响农产品流通效率具有显著的正向调节作用。由图 9 – 3（b）可以看出，
一三产业协同集聚水平较高时，可以延缓数字经济对农产品流通效率的抑制
作用，体现为"U"形曲线左侧坡度趋缓、曲线拐点左移、整体曲线上抬等
现象。

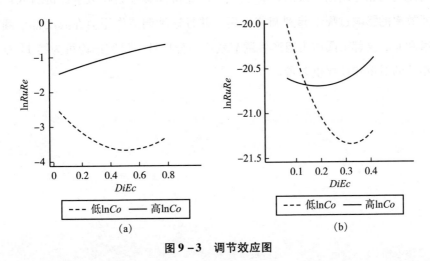

图 9 – 3　调节效应图

注：笔者借助 Stata 软件制作。

根据实证分析可以看出，武汉都市圈城市组在一三产业协同集聚的调节作用下，数字经济与农产品流通效率之间的关系由"U"形曲线转为正相关曲线。而非武汉都市圈城市组，在一三产业协同集聚的调节作用下，数字经济与农产品流通效率之间的关系仍然为"U"形，并且"U"形影响过程中的抑制过程得到缓解，呈现与武汉都市圈城市组不同的调节成效。

9.4 本章小结

效率提升本质在于要素资源配置的合理性，表现为供给端投入要素的扩容以及需求端产出水平的平衡。数字技术有助于促进农产品流通产业由要素驱动向创新驱动转变，但数字技术对农产品流通产业的数字化改造并非一蹴而就。本章首先从理论层面探究数字经济发展对农产品流通效率的影响机制，并分析产业协同集聚在数字经济影响农产品流通效率过程中的调节效应；其次，通过构建双向固定效应模型对研究假设进行验证。结果表明，随着数字经济的提升，农产品流通效率呈现先降低后提升的趋势，并解释前文组态路径所出现的相悖结论；最后，验证一三产业协同集聚会在数字经济对农产品流通效率的影响过程中起到调节作用，并且这种调节作用会在武汉都市圈城市组和非武汉都市圈城市组产生调节效应的异质性。研究结论可为第11章提出相关的对策建议提供参考。

第 10 章

不同主体策略对农产品
流通效率提升的作用研究

随着经济的快速发展，消费者生活水平与消费能力提升迅速，对食品的新鲜度和质量安全提出了更高要求。这给具有易腐、易逝、生命周期短以及保鲜要求高等特征的农产品带来新挑战。农产品保鲜涉及产地预冷、冷库暂存、冷链运输、前置仓保鲜、低温配送等多个环节，需要农产品供应链中多方主体共同努力，其中产地预冷与第三方物流（3PL）冷链运输是保鲜中的两大关键。农产品产业与 3PL 的有效衔接，能推进农业与物流业的深度整合，构建农产品产销一体化流通链条，有助于提升农产品流通效率，降低农产品损耗。

一方面，田间地头的产地预冷是农产品冷链保鲜的第一个重要环节，2021 年农财两部门发布《关于全面推进农产品产地冷藏保鲜设施建设的通知》，开启农产品产地预冷在部分地区的试点工作。《中共中央、国务院关于做好 2022 年全面推进乡村振兴重点工作的意见》中也强调要推动农产品产地保鲜设备建设。产地预冷要求农产品在产地采摘后，第一时间利用制冷设备使其冷却到适合存放的温度，经过预冷的农产品新鲜度和质量更高，还能降低冷藏车和冷藏库的冷负荷，实现冷藏、储运装置的节能运行。另一方面，3PL 作为产地到销地的运输主体也是降低农产品品质损耗的关键，3PL 所拥有的冷藏车制冷质量优劣会直接影响农产品保鲜效果，必须严格控制运输过程中的温度、湿度，以确保农产品的新鲜度，而制冷设备的运行会产生大量碳排放。随着"双碳"目标的提出以及全国碳排放权交易市场的启动，推动高碳排放、高污染的运输行业必须走绿色低碳发展道路，3PL 将面临是否升级冷藏技术的权衡。无论是建设产地预冷设施还是升级冷藏技术均会增加企业成本，造成农产品产地与 3PL 的保鲜投入意愿降低。因此，当面对利润与成本等因素的影响时，产地与 3PL 参与农产品保鲜存在着不确定性。为解决农产品保鲜问题，需要对两者保鲜投入的影响因素进行深入剖析，分析两者参与保鲜投入决策的驱动力，研究不同驱动因素下两大主体在保鲜投入策略上会如何选择尤为重要。

10.1　理论分析

10.1.1　产地与 3PL 参与保鲜的内涵

在农产品流通体系的产销两端，对农产品数量与质量要求较高，并具有明显跨地域、跨季节的特性，使得农产品在流通过程中的物流距离长、环节多。这对农产品供应链的保鲜能力提出较高的要求。保障农产品保鲜的质量，关键在于"最先一公里"的产地预冷。"最先一公里"是农产品供应链的源头，也是决定农产品品质和其成本的关键因素[192]。过去城乡二元结构下的农产品流通体系主要由小规模农户和众多小散的商贩形成[193]，这种典型的东亚小农经济模式，很难依靠农户在田间地头对农产品进行提前预冷。随着对农产品冷链物流的重视，农产品产地逐渐建立起种植基地以及农民专业合作社等组织，改变原本分散的种植模式，确保产地预冷的实现。

与此同时，产地直发与仓储配送并行的农产品流通模式使得产地与 3PL 加大了合作保鲜机会。产地直发模式是指农产品在产地进行预冷后与 3PL 直接对接，通过冷藏车运输至销售地；仓储配送模式中农产品在经过预冷与冷库保存后，能够实现错峰销售以及长距离运输。两种模式都有助于延长农产品销售时间，以此来扩大销售半径，从而提高农产品的溢价能力，而且预冷使得中后端制冷环节的能耗大幅降低，经济效益与环境效益同时增加。当前运输中所用的正规冷藏车比例很低，较难在运送中维持农产品的新鲜度，且能耗较高，亟须升级冷藏技术，降低碳排放。其中农产品供应链运行模式如图 10 - 1 所示。

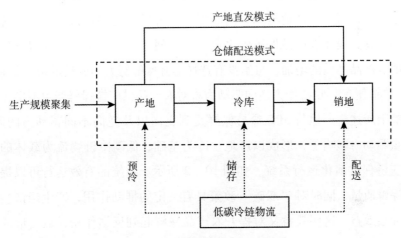

图 10 - 1 农产品供应链运行模式

10.1.2 产地与 3PL 参与保鲜的驱动机理

　　农产品供应链的运行会受到不同因素的影响，其中产地与 3PL 参与保鲜的驱动因素分为外部与内部两方面。从外部来看，主要受到政府政策以及消费者的偏好影响。首先，政府重视农产品的保鲜问题，在产地保鲜方面已发布多项政策，从宏观层面上引导建设冷藏设施，并鼓励 3PL 淘汰高能耗设备，升级冷藏技术，降低碳排放。其次，终端的消费者更倾向于购买新鲜度高、质量好的农产品，且消费者的购买习惯正趋于多元化，不仅局限于当地和当季的产品。目前，我国已形成"西果东送""南菜北运"的流通模式，新的模式更需要保证农产品的安全、鲜活和品质。

从内部来看，产地与 3PL 参与保鲜的内在动力是追求经济利益，而成本的提升会成为保鲜的逆向驱动力。一方面，政府引导供应链成员参与保鲜，并出台多项补贴政策进行激励，如对建设农产品产地保鲜设备的组织进行补贴以及对购买新能源冷藏车的公司和个人给予车贴，这些补贴措施能降低产地与 3PL 的成本，符合其自身的经济利益。另一方面，3PL 对冷藏技术进行升级，能吸引客户与其合作，获得更多的运输订单，技术的升级也能带来碳减排收益，产生环境效益。此外，企业对环保的贡献会增加其声誉，带来无形收益。由此可见，产地与 3PL 同时提升保鲜投入能够使得供应链系统整体效益最大化，但在农产品保鲜中也存在"搭便车"的行为。提升保鲜努力所带来的农产品品质的增加，将给没有选择提升保鲜努力的成员带来"搭便车"收益。"搭便车"收益作为逆向驱动力将对农产品供应链保鲜产生不良影响。

综上所述，产地与 3PL 参与保鲜受到正向以及逆向不同驱动力的影响。在多重驱动力影响下，形成以产地预冷为基础、低碳冷链物流为载体的农产品供应链保鲜演化运行系统，如图 10-2 所示。系统的有效运行可以提升农产品保鲜质量，同时对"双碳"政策具有一定的推动作用，产生经济、环境以及社会效益。这些效益又对提升农产品保鲜起到反馈作用，最终形成一个不断演化的农产品供应链保鲜运行系统。

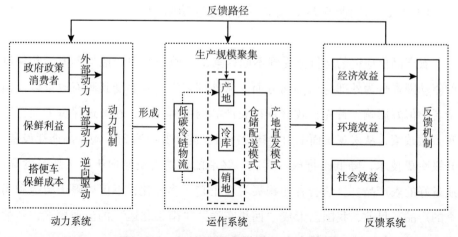

图 10-2　农产品供应链保鲜演化驱动机理

10.2　基本假设与模型构建

本章假设博弈主体为具备预冷条件的农产品产地以及与产地有长期合作的 3PL。博弈双方都是有限理性的，在参与农产品保鲜的过程中会综合考虑自身的收益与成本，并参考有限的信息来调整自身的策略，双方存在博弈又合作的关系。假设如下：

假设 1：博弈初期，3PL 选择对冷藏技术进行升级的概率为 x，不进行升级的概率 $1-x$。产地对农产品预冷的概率为 y，不进行预冷的概率为 $1-y$。

假设 2：无论是 3PL 对冷藏技术进行升级，还是产地进行产地预冷，其产生的收益还取决于消费者对农产品保鲜力度提升的感知。因此，本章引入系数 μ 表示消费者对农产品的价值感知度，反映消费者对生鲜农产品新鲜度的偏好水平[195]。假设 3PL 对冷藏技术进行升级前的收益为 R_1，升级成本为 c_1，因升级获得的收益为 μr_1。产地未进行产地预冷前的收益 R_2，因建立产地冷库而产生的成本为 c_2，收益为 μr_2。其中，μr_1 是指 3PL 因冷藏技术升级所带来的收益，μr_2 是指农产品损耗的降低及品质的提升所带来的收益。

假设 3：若产地选择建立产地冷库，3PL 也选择对冷藏设备进行升级时，农产品能得到最好的冷藏效果。此时由于双方积极提升保鲜力度，减少了冷链断链的可能性，会给博弈双方带来额外收益，这种收益更多取决于双方对农产品保鲜的合作程度。为便于分析，本章假设双方在该过程中得到的合作收益是相同的，记为 ΔR。

假设 4：由于提供运输服务的 3PL 是主要的碳排放来源，本章仅考虑 3PL 的碳排放。政府分配给 3PL 适量的碳排放额度，记为 q，冷藏技术未升级前的碳排放量为 q_1，其中 $q_1 > q$，则 3PL 需要减排的量为 $q_1 - q$，假设碳排放交易价格为 p，则购买碳排放的成本为 $p(q_1 - q)$。对冷藏技术进行升级后，碳排放降低到 q_2，其中 $q_2 < q$，当 3PL 的碳排放量低于碳排放额度时，可以将多余的

额度进行交易，则交易碳排放额度的收益为 $p(q-q_2)$。

假设 5：当产地选择建立产地冷库对农产品提前预冷，而 3PL 不对冷藏技术进行升级，3PL 会获得"搭便车"的收益 w_1，该收益主要来自农产品经过预冷后冷藏设备冷负荷的降低与农产品品质的提升所带来的收益；当 3PL 对冷藏技术进行升级而产地不选择提前预冷，此时产地也会因"搭便车"而产生收益 w_2。

根据以上假设构建 3PL、产地的双方演化博弈收益矩阵（见表 10-1）。

表 10-1 　　　　　　　　　3PL、产地的双方演化博弈收益矩阵

项目	产地预冷	产地不预冷
3PL 升级技术	$R_1+\mu r_1-c_1+(q-q_2)p+\Delta R$	$R_1+\mu r_1-c_1+(q-q_2)p$
	$R_2+\mu r_2-c_2+\Delta R$	R_2+w_2
3PL 不升级技术	$R_1-(q_1-q)p+w_1$	$R_1-(q_1-q)p$
	$R_2+\mu r_2-c_2$	R_2

10.3　演化博弈分析

10.3.1　演化博弈模型求解

根据表 10-1 收益矩阵，计算 3PL 采取"升级技术""不升级技术"策略时的期望收益分别为 E_{11}、E_{12}，平均收益为 E_1：

$$E_{11}=y[R_1+\mu r_1-c_1+(q-q_2)p+\Delta R]+(1-y)[R_1+\mu r_1-c_1+(q-q_2)p]$$

$$E_{12}=y[R_1-(q_1-q)p+w_1]+(1-y)[R_1-(q_1-q)p]$$

$$E_1=xE_{12}+(1-x)E_{12} \qquad (10-1)$$

复制动态方程是用于描述博弈双方采用某一策略的频度。3PL 采取"升

级技术"策略的概率 x 的演化博弈复制动态方程为:

$$F_1(x) = \frac{dx}{dt} = x(E_{11} - E_1) = x(1-x)\left[\mu r_1 - c_1 + y(\Delta R - w_1) + (q_1 - q_2)p\right]$$

$$(10-2)$$

计算产地采取"预冷""不预冷"策略时的期望收益分别为 E_{21}、E_{22},平均收益为 E_2:

$$E_{21} = x(R_2 + \mu r_2 - c_2 + \Delta R) + (1-x)(R_2 + \mu r_2 - c_2)$$
$$E_{22} = x(R_2 + w_2) + (1-x)R_2$$
$$E_2 = yE_{21} + (1-y)E_{22} \qquad (10-3)$$

产地采取"预冷"策略的概率 y 的演化博弈复制动态方程为:

$$F_2(y) = \frac{dy}{dt} = y(E_{21} - E_2) = y(1-y)\left[\mu r_2 - c_2 + x(\Delta R - w_2)\right] \quad (10-4)$$

根据式(10-2)和式(10-4),构建复制动态方程组:

$$\begin{cases} F_1(x) = \dfrac{dx}{dt} = x(E_{11} - E_1) = x(1-x)\left[\mu r_1 - c_1 + y(\Delta R - w_1) + (q_1 - q_2)p\right] \\[2mm] F_2(y) = \dfrac{dy}{dt} = y(E_{21} - E_2) = y(1-y)\left[\mu r_2 - c_2 + x(\Delta R - w_2)\right] \end{cases}$$

$$(10-5)$$

令复制动态方程组(10-5)中的 $F_1(x) = 0$、$F_2(x) = 0$ 得到 5 个均衡点分别为 $A(0,1)$,$B(1,0)$,$C(0,0)$,$D(1,1)$,$E(x^*, y^*)$,其中 x^*、y^* 需满足以下条件:

$$x^* = \frac{\mu r_2 - c_2}{w_2 - \Delta R} \ (0 \leqslant x^* \leqslant 1), \ y^* = \frac{\mu r_1 - c_1 + (q_1 - q_2)p}{w_1 - \Delta R} \ (0 \leqslant y^* \leqslant 1)$$

10.3.2　演化稳定点分析

根据 Friedman 的稳定性理论[194],借助复制动态方程组(10-5),求得演化系统的雅克比矩阵为:

$$J = \begin{bmatrix} a_{11} & a_{12} \\ a_{21} & a_{22} \end{bmatrix} \qquad (10-6)$$

其中，

$$a_{11} = \frac{\partial F_1(x)}{\partial x} = (1-2x)[\mu r_1 - c_1 + y(\Delta R - w_1) + (q_1 - q_2)p];$$

$$a_{12} = \frac{\partial F_1(x)}{\partial y} = x(1-x)(\Delta R - w_1);$$

$$a_{21} = \frac{\partial F_2(y)}{\partial x} = y(1-y)(\Delta R - w_2);$$

$$a_{22} = \frac{\partial F_2(y)}{\partial y} = (1-2y)[\mu r_2 - c_2 + x(\Delta R - w_2)]$$

判断雅克比矩阵逆和行列式的符号从而确定演化稳定点。J 的行列式为：

$$\det(J) = a_{11}a_{22} - a_{12}a_{21}$$
$$= (1-2y)(1-2x)[\mu r_1 - c_1 + y(\Delta R - w_1) + (q_1 - q_2)p][\mu r_2 - c_2 + x(\Delta R - w_2)] - xy(1-x)(1-y)(\Delta R - w_1)(\Delta R - w_2)$$

迹为：

$$\text{tr}(J) = a_{11} + a_{22} = (1-2x)[\mu r_1 - c_1 + y(\Delta R - w_1) + (q_1 - q_2)p] + (1-2y)[\mu r_2 - c_2 + x(\Delta R - w_2)]$$

通过计算得到各稳定点的行列式及迹值，如表 10 - 2 和表 10 - 3 所示。

表 10 - 2   各稳定点的行列式

均衡点 (x, y)	行列式 $\det(J)$
$A(0, 1)$	$-[\mu r_1 - c_1 + \Delta R - w_1 + (q_1 - q_2)p][\mu r_2 - c_2]$
$B(1, 0)$	$-[\mu r_1 - c_1 + (q_1 - q_2)p][\mu r_2 - c_2 + \Delta R - w_2]$
$C(0, 0)$	$[\mu r_1 - c_1 + (q_1 - q_2)p][\mu r_2 - c_2]$
$D(1, 1)$	$[\mu r_1 - c_1 + \Delta R - w_1 + (q_1 - q_2)p][\mu r_2 - c_2 + \Delta R - w_2]$
$E(x^*, y^*)$	$-\dfrac{[\mu r_1 - c_1 + (q_1 - q_2)p][\mu r_2 - c_2][w_1 - \mu r_1 + c_1 - \Delta R - (q_1 - q_2)p][w_2 - \mu r_2 + c_2 - \Delta R]}{(w_1 - \Delta R)(w_2 - \Delta R)}$

表 10 - 3 　　　　　　　　　　　　　各稳定点的迹值

均衡点(x, y)	迹 $\mathrm{tr}(J)$
$A(0, 1)$	$[\mu r_1 - c_1 + \Delta R - w_1 + (q_1 - q_2)p] - [\mu r_2 - c_2]$
$B(1, 0)$	$-[\mu r_1 - c_1 + (q_1 - q_2)p] + [\mu r_2 - c_2 + \Delta R - w_2]$
$C(0, 0)$	$[\mu r_1 - c_1 + (q_1 - q_2)p] + [\mu r_2 - c_2]$
$D(1, 1)$	$-[\mu r_1 - c_1 + \Delta R - w_1 + (q_1 - q_2)p] - [\mu r_2 - c_2 + \Delta R - w_2]$
$E(x^*, y^*)$	0

分析各均衡点的雅克比行列式及迹的正负情况，若行列式满足 $\det(J) > 0$ 及迹 $\mathrm{tr}(J) < 0$ 的条件，则为系统演化稳定点（ESS）。为方便阐述，令 $F = p(q_1 - q_2)$。各均衡点的分析，如表 10 - 4 所示。

表 10 - 4 　　　　　　　　　　　　均衡点稳定性分析

均衡点	$\det(J)$	$\mathrm{tr}(J)$	稳定性	条件
$A(0, 1)$	正	负	ESS	$F + \mu r_1 < c_1 + w_1 - \Delta R$ 且 $\mu r_2 > c_2$
$B(1, 0)$	正	负	ESS	$F + \mu r_1 > c_1$ 且 $\mu r_2 < c_2 + w_2 - \Delta R$
$C(0, 0)$	正	负	ESS	$F + \mu r_1 < c_1$ 且 $\mu r_2 < c_2$
$D(1, 1)$	正	负	ESS	$F + \mu r_1 > c_1 + w_1 - \Delta R$ 且 $\mu r_2 > c_2 + w_2 - \Delta R$
$E(x^*, y^*)$	—	0	鞍点	—

在不同条件下，$A(0, 1)$，$B(1, 0)$，$C(0, 0)$，$D(1, 1)$ 均可以演化为稳定点，$E(x^*, y^*)$ 不满足成为稳定点的条件，为系统的鞍点，对于扰动不具有稳健性。

（1）情形一：当满足 $F + \mu r_1 < c_1$ 且 $\mu r_2 < c_2$ 时，产地进行预冷与 3PL 升级冷藏技术所带来的收益均低于付出的成本。此时，系统的演化点为 $C(0, 0)$，

演化相位图见图 10 - 3（1）。

（2）情形二：当满足 $F + \mu r_1 < c_1 + w_1 - \Delta R$ 且 $\mu r_2 > c_2$ 时，升级冷藏技术给 3PL 带来的收益小于升级成本与"搭便车"带来的收益之和，而产地选择预冷能带来超过成本的收益。因此，系统的演化点为 A（0，1），演化相位图见图 10 - 3（2）。

（3）情形三：当满足 $F + \mu r_1 > c_1$ 且 $\mu r_2 < c_2 + w_2 - \Delta R$ 时，产地选择预冷带来的收益小于其"搭便车"的收益与预冷成本之和，升级冷藏技术给 3PL 带来的收益大于升级成本。因此，系统的演化点为 B（1，0），演化相位图见图 10 - 3（3）。

（4）情形四：当满足 $F + \mu r_1 > c_1 + w_1 - \Delta R$ 且 $\mu r_2 > c_2 + w_2 - \Delta R$ 时，3PL 升级冷藏技术带来的收益高于升级成本与"搭便车"带来的收益之和，产地选择预冷带来的收益高于其"搭便车"的收益与预冷成本之和。因此，系统的演化点为 $D(1，1)$，演化相位图见图 10 - 3（4）。

当同时满足 $F + \mu r_1 < c_1$ 且 $\mu r_2 < c_2$ 这个条件时，系统会出现两个演化稳定点 $D(1，1)$ 与 $C(0，0)$，产生这种情况是由于产地与 3PL 看到"搭便车"收益较大，所产生的机会主义倾向。该演化相位图见图 10 - 3（5）。

（5）情形五：当满足 $F + \mu r_1 > c_1 + w_1 - \Delta R$，$\mu r_2 < c_2 + w_2 - \Delta R$ 或满足 $F + \mu r_1 < c_1 + w_1 - \Delta R$，$\mu r_2 > c_2 + w_2 - \Delta R$ 的条件时。此种情形下，系统不存在稳定点，博弈双方只会不断调整自身策略，呈现一种周期循环性现象。该演化相位图见图 10 - 3（6）。

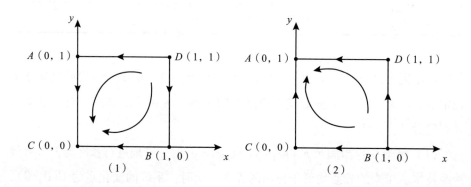

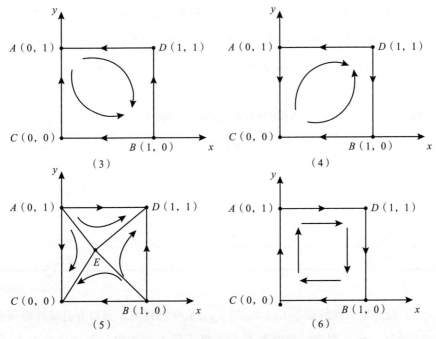

图 10 - 3　不同情形下系统的演化相位图

10.3.3　参数的影响性分析

为实现农产品保鲜的最优选择策略，应尽量保证系统的稳定均衡点为 $D(1,1)$，即3PL选择升级冷藏技术、产地进行预冷。情形四下，由于鞍点 $E(x^*,y^*)$ 的存在，各参数的细微变化都会对博弈主体的策略选择产生影响，因此，对影响演化相位图 10 - 3（5）的参数进行分析。

当演化相位图 10 - 3（5）中代表3PL与产地的动态曲线存在收敛到 $C(0,0)$ 与 $D(1,1)$ 两种情况。其中鞍点 $E(x^*,y^*)$ 是判断收敛趋势的关键，各参数的变化都会对演化趋势产生影响。分析各参数对演化趋势的影响，即分析各参数对 $ADBE$ 的面积大小的影响。其中：$S_{ADBE}=1-\dfrac{1}{2}$

$\left[\dfrac{\mu r_2-c_2}{w_2-\Delta R}+\dfrac{\mu r_1-c_1+(q_1-q_2)p}{w_1-\Delta R}\right]$。若 S_{ADBE} 越大，博弈初始双方的决策组合落

在区域 $ADBE$ 中的概率也就越大，则系统最终演化到 $D(1，1)$ 的概率也越大。因此，对影响 S_{ADBE} 大小的参数 C_1、C_2、w_1、w_2、ΔR、$p(q_1 - q_2)$、μr_1、μr_2 求偏导，来判断各参数对 S_{ADBE} 的影响情况，如表 10 - 5 所示。

表 10 - 5　　　　　　　　各参数对系统稳定性的影响分析

参数	偏导符号	对 S_{ADBE} 的影响
C_1、C_2	小于 0	负相关
w_1、w_2	小于 0	负相关
ΔR	大于 0	正相关
$p(q_1 - q_2)$	大于 0	正相关
μr_1、μr_2	大于 0	正相关

3PL 与产地的保鲜成本 C_1、C_2 与 S_{ADBE} 呈现负相关，当双方升级冷链保鲜的成本超过一定范围时，会促使双方选择不保鲜的策略，即演化至点 $C(0，0)$；w_1、w_2 为双方"搭便车"产生的收益，w_1、w_2 与 S_{ADBE} 呈现负相关，w_1、w_2 过高会使得双方产生投机行为，不利于系统朝 $D(1，1)$ 进行演化；收益 ΔR 与 S_{ADBE} 呈现正相关，当双方都选择保鲜策略时，能促进冷链保鲜技术升级，会降低断链风险，此时获得的合作收益能促进系统朝理想点演化；同样地，$p(q_1 - q_2)$、μr_1、μr_2 作为收益与 S_{ADBE} 呈现正相关。3PL 提升冷藏技术、降低碳排放带来的收益以及产地选择保鲜策略带来的收益均能促进系统朝 $D(1，1)$ 点演化。

10.4　情景分析与数值仿真

根据第 4 章的分析结果可知，江苏省农产品流通能力和流通效率排名位于前列，得益于江苏省不断推进农产品流通产业建设，值得湖北省借鉴学习。因此，本章选择江苏省作为研究对象进行数值仿真。

2021 年，江苏省南通市海门区 17 个村股份经济合作社开始落实产地冷库建设方案，计划总投资 8 000 万元，各实施主体自筹 190 万元，建成总规模 7 万立方米的农产品产地保鲜设施，同时积极推动各园区与冷链物流公司签订合同，形成"企业＋合作社"的运营模式。以该案例为背景，本章将产地预冷的成本设置为 $c_2 = 190$。另外，随着汽车制造公司推出新型冷藏车，这给 3PL 公司升级冷藏技术提供了更多选择。为便于分析，本章选择某品牌电动冷藏车作为升级选择，假设 3PL 升级冷藏车成本设置为 $c_1 = 300$，并借鉴方国昌等[195]的研究结论，设定初始碳交易价格为 $p = 20$，碳排放额度 $q = 25$，冷藏车未升级前的碳排放量为 $q_1 = 26$，对冷藏车进行升级后，碳排放降低到 $q_2 = 24$。然后参考徐蓁[196]的研究设定价值感知度的初始值为 $\mu = 1.2$。由于 3PL 与产地所产生的收益 r_1、r_2、ΔR、w_1、w_2 中包含不可量化的定性指标，为便于分析，将其初始值分别设定为 $r_1 = 200$、$r_2 = 150$、$\Delta R = 10$、$w_1 = 50$、$w_2 = 50$。本章使用 MATLAB 对建立的模型进行可视化分析。

根据上文假设，初始值满足情形一中 $F + \mu r_1 < c_1$ 且 $\mu r_2 < c_2$ 这一条件，此时双方演化路径见图 10 - 4，纵轴表示博弈主体策略的选择比例 $[0，1]$，横轴表示演化时间 t 无具体单位（后文同）。即使博弈双方意愿较高，初始投入

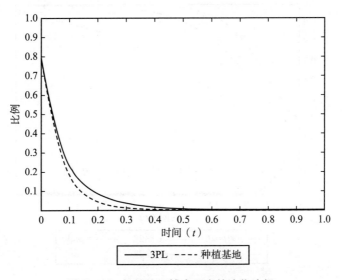

图 10 - 4 初始值下博弈双方的演化路径

比为 0.8，但随着演化时间 t 的提升，双方最终趋向稳定点（0，0），达成（不升级，不预冷）的博弈均衡状态。为实现农产品供应链低碳保鲜的最优选择策略，即（1，1）为系统稳定均衡点，本章将重点研究在不同策略驱动下的系统演化情况。

10.4.1 以碳减排收益为驱动力

初始值不变，碳交易价格 p 在取不同值后博弈双方的动态演化路径如图 10 - 5 所示。从图 10 - 5 中可以发现，随着碳交易价格 p 的提升，3PL 策略选择比例逐渐趋向 1 且 p 越大趋向速度也越快，这是因为碳减排带来的收益提升，会促进 3PL 对冷藏技术进行升级，符合情形三中的 $F + \mu r_1 > c_1$ 且 $\mu r_2 < c_2 + w_2 - \Delta R$。处于碳交易价格增加环境中的 3PL，会更倾向升级冷藏技术。依据现实情况，碳交易价格并不会持续增加，把碳交易价格增长作为驱动力显然有些不足。因此，进一步对企业碳减排力度进行分析，系数 q_2 能反映企业在减排上的力度大小，q_2 越小则表明冷藏技术升级所带来的碳减排更有效，q_2 在取不同值时，博弈双方的演化路径见图 10 - 6，随着 q_2 的减小，3PL 策略

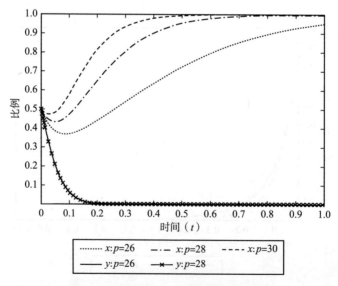

图 10 - 5　交易价格 p 对演化路径的影响

选择比例逐渐趋向于1。综上所述，碳交易价格 p 的增大与反映企业减排力度 q_2 的减小均能作为驱动力来促进 3PL 选择升级技术策略，但是这两者的变化不会对产地的策略选择产生影响，主要由于在农产品保鲜中 3PL 为主要的碳排放来源。

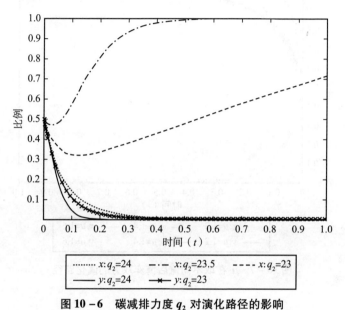

图 10−6 碳减排力度 q_2 对演化路径的影响

10.4.2 以消费者价值感知度为驱动力

将代表消费者价值感知度的系数 μ 分别取1.2、1.4、1.6，其他初始值不变，博弈双方演化策略选择如图10−7所示。当 μ 取值1.6时，条件满足 $F + \mu r_1 > c_1 + w_1 - \Delta R$ 且 $\mu r_2 > c_2 + w_2 - \Delta R$，与情形四吻合。初始策略选择比例都为0.5，随着 μ 的提升，双方趋向最优策略（1，1）的速度也更快。μ 能反映消费者对农产品新鲜度的偏好水平，它的提升会给博弈双方带来更多收益，可以激励 3PL 与产地进一步加大对农产品保鲜的力度。保鲜力度的加大反过来又会让企业获得更多信任与偏好，从而形成良性循环。仿真结果说明，消费者价值感知度的系数 μ 可以驱动博弈双方改变自身行为策略，使系统趋于最优博弈均衡。一方面，企业应积极加大农产品保鲜力度，有利于自身长期发展；另一方面，需要通过广告宣传、构建品牌知名度等方式来提升消费者对保鲜效果的价值感知程度。

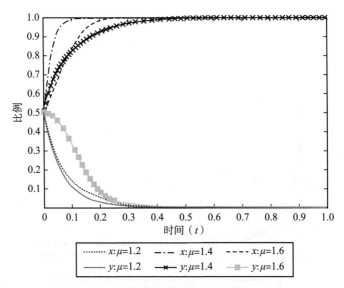

图 10 - 7 μ 在取不同值后博弈双方的演化路径

10.4.3 以双方合作收益为驱动力

当博弈双方均选择积极策略会带来额外合作收益 ΔR，ΔR 的大小取决于双方合作程度，当双方形成紧密联盟时，农产品冷链断链风险将会越低，合作收益 ΔR 也会越高；相反，当双方合作力度不大时，合作收益 ΔR 会相应越低。令 ΔR 分别取 10、60、100，其他初始值不变，博弈双方演化策略选择如图 10 - 8 所示。随着合作收益的增加，博弈双方均会降低趋向比例等于 0 的速率，在合作收益超过某一临界点时，将满足情形四 $F + \mu r_1 > c_1 + w_1 - \Delta R$ 且 $\mu r_2 > c_2 + w_2 - \Delta R$ 的条件，双方最终都会趋向最优策略（1，1），但提升合作收益会出现上限，很难达到仿真中设置的数值大小。另外，由于"搭便车"现象的存在，"搭便车"所带来的收益作为逆向驱动力会增加"机会主义"行为，对最优策略选择产生抑制作用。在多种因素影响下，仅凭某一驱动力很难让博弈双方在系统演化中选择最优策略。因此，本章将多种驱动力同时进行考虑，分别令碳交易价格 $p=30$，系数 $q_2=23$、$\mu=1.6$，合作收益 $\Delta R=100$，其他初始值不变，此时博弈双方的演化见图 10-9。在三种驱动力的影响下，符合情形四的策略演化轨迹，系统最终朝向稳定点（1，1）的方向演化。

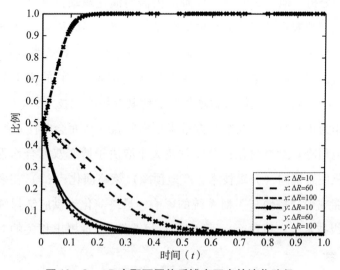

图 10-8 ΔR 在取不同值后博弈双方的演化路径

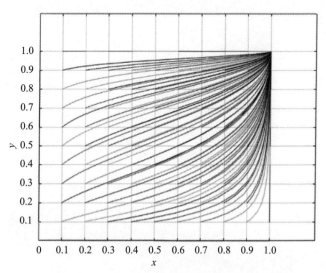

图 10-9   三种驱动力下博弈双方的演化相位

10.5 本章小结

本章在分析产地与 3PL 参与保鲜的内涵与演化驱动机理基础上，构建产地与 3PL 之间的农产品保鲜演化博弈模型，研究在不同因素驱动下博弈双方的策略选择行为，并借助 MATLAB 软件进行数值仿真。研究发现：（1）在碳交易背景下，作为供应链系统中的主要碳排放主体，3PL 的决策会受到碳交易价格波动的影响，碳减排收益增加会驱使其升级冷藏技术；（2）消费者价值感知度作为正向驱动力能给双方带来更多收益，从而会驱使系统向（升级技术，产地预冷）策略演化；合作收益大小取决于博弈双方合作程度，它的增加也会驱使系统向（升级技术，产地预冷）策略演化；（3）在多重驱动力作用下，能减少"搭便车"对系统的影响，最终演化到供应链保鲜最优策略选择（升级技术，产地预冷）。研究结论可为第 11 章提出相关的对策建议提供参考。

第 11 章

提升湖北省农产品流通效率的建议

11.1 以区域协调发展为抓手，提升农产品流通效率

农产品流通效率的提升对乡村振兴具有重要的意义，在实施乡村振兴战略的大背景下，亟须提升农产品流通效率。

（1）注重区域间协同发展。一方面湖北处于长江中游地区，应借鉴下游各省市在技术应用和资源配置方面的经验，加快农产品产业结构调整与优化，努力消除技术壁垒；另一方面还需提升信息技术，利用先进信息技术来打造高效、省时的农产品交易与流通信息交流平台，加强与其他省市之间的合作，降低农产品交易成本，从而扩大农产品流通市场。

（2）鼓励创立针对农产品流通的物流企业，加强农产品物流集聚效应，这不仅能提升规模效率，还能吸引人才进入农产品流通领域；各物流企业还应加强与高校的产学研合作关系，面向农产品流通领域培养一批物流人才；加强国际化合作，引进国外先进物流技术，不断提升员工的技术水平和业务技能。

（3）协调省内不同城市间效率发展差异。湖北省东部和北部地区具有较高农产品流通效率，而湖北省中部和西部流通效率相对偏低。针对不同城市

的产业特点和优势，推动合理的产业布局。鼓励资源丰富的地区发展特色农业、农产品加工业和旅游业等，而技术发达的地区则可发展高新技术产业和现代服务业。武汉、襄阳这些效率较高的城市应以竞争合作为原则，积极发挥带头作用。而效率偏低的城市要充分利用现有的冷链物流资源，借鉴高效率地区发展经验，引导生鲜农产品冷链物流业向健康、协调的方向调整升级。同时，在效率相对较低的城市，加大基础设施建设的力度，改善交通、通信、水电等基础设施状况。这样可以提高城市的发展潜力，吸引更多投资和产业资源，促进经济发展。

建设跨城市的信息共享平台，促进各城市间的信息流通和合作。通过共享信息，可以更好地发现各地的优势资源和需求，促进资源互补，推动城市间的经济协作。

11.2　重视多因素联动效应，开创效率提升多元路径

农产品流通产业发展过程中会受到来自技术、组织以及环境等多方面因素的影响，同时，不同因素并非单独影响农产品流通效率。因此，要重视多因素之间的联动效应，从而开创效率提升的多元路径。

（1）重视多因素间的联动发展。本研究发现来自技术、组织、环境方面的因素都不是提升农产品流通产业效率的必要条件。各地方政府应加强多因素之间的协同整合，立足"系统观"与"整体观"，大力促进本地技术、组织、环境要素间的耦合与互动，建立农产品流通效率提升长效机制。

（2）开创效率提升的多元模式。本研究发现提升农产品流通效率的路径存在多元模式，并非一一对应的关系，比如在表 8 - 6 的分析中，黄石和咸宁均采取组织引领型路径来提升农产品流通效率，而咸宁在以人力资源为核心条件下，需要辅以数字经济为边缘条件，同一路径在不同城市之间体现出差异性。同时，形成高农产品流通效率的组态路径共有组织引领型、环境带动型以及技术—组织协同型三类，因而各城市在加强多因素之间的联动发展时，

可以借鉴效率较高城市的提升路径，但不可照本宣科地生搬硬套，要注重多因素组合的多元模式，走出一条特有的效率提升路径。

（3）因地制宜打造效率提升路径。在分区域进行异质性分析中，本研究发现受武汉都市圈建设影响，农产品流通效率提升路径在不同城市具有明显差异性。对于武汉都市圈规划城市，自身经济条件相对较优越，可以通过政府支持、发展数字经济等方式来提升效率。比如武汉具有完善的批发零售产业链，在政府财政资金支持下，依托数字经济和人力资源，走出一条"组织—环境协同型"的农产品流通效率提升路径。同时，咸宁虽以人力资源为核心条件可以驱动农产品流通效率的提升，仍需持续加强数字经济建设。对于经济发展略差的非武汉都市圈规划城市，其中随州是以产业结构为核心条件的"环境带动型"路径，其余城市农产品流通效率提升路径不太明显，比如荆门在缺少技术、组织、环境因素支撑的情况下，充分利用已有资源，仍能提升农产品流通效率，为其余非武汉都市圈规划城市提供借鉴。因此，提升农产品流通效率要结合自身条件和发展阶段，推行更具针对性的措施和路径，以此推进农产品流通产业的均衡发展，助力农业农村现代化和乡村振兴。

11.3 深化地区数字技术发展，实现农产品流通高效率

数字经济在农产品流通效率影响乡村振兴水平的过程中，起到内在的调节效应。数字经济发展水平较高时，可以延缓低水平农产品流通效率对乡村振兴发展的抑制作用；数字经济发展水平较高时，农产品流通效率对乡村振兴水平的促进作用得到提升。同时，数字技术有助于促进农产品流通产业由要素驱动向创新驱动转变，优化要素资源配置的合理性，进而促进农产品流通效率提升。因此，深化地区数字技术发展，将有助于实现农产品流通高效率。

（1）加强农村地区的互联网和通信基础设施建设，推动网络覆盖和通信设施的普及，提高农民和农产品流通主体对数字技术的接触和认知。加大投资力度，建设更多的基站和光纤网络，提升农村地区的网络覆盖范围。特别

是偏远地区和山区，要通过无线网络和卫星通信等手段，实现全面的网络接入。通过政府补贴和优惠政策，降低农村地区的通信费用。降低通信费用可以促使更多的农民和农产品流通主体能够负担得起互联网和通信服务，鼓励他们积极参与数字技术的应用。

（2）推动农产品电子商务发展，建设电子商务平台，提供线上线下结合的农产品销售渠道。强化电商平台对农产品品质和溯源信息的把控，通过建立完善的溯源体系，确保农产品的质量和安全可溯性，增加消费者的信任和认可。加强电商人才的培养和引进，提高农产品流通主体的数字技术应用能力和电商运营水平。同时，要加大电商人才的培养和引进力度，提高农产品流通主体的数字技术应用能力和电商运营水平。

（3）要为农产品电商平台提供金融支持，降低创业成本和运营风险，通过设立农产品电商专项基金，支持优质的农产品电商项目发展。

11.4 打造"第一公里"保鲜模式，推进流通产业深度整合

农产品流通产业"第一公里"各个环节的有效衔接，有助于提升农产品流通效率，降低农产品损耗。同时，农产品冷链保鲜有助于降低损耗，保持产品的新鲜度和品质，确保产品顺利地到达市场，确保供应链的稳定性。因此，需要塑造"第一公里"保鲜模式，推进流通产业在供应链前端的深度整合。

（1）制定合理政策，签订合适供应链契约。首先，政府作为监管者可以对产地冷库建设及企业购买新能源冷藏车提供更多合理的补贴政策，促进供应链主体共同进行农产品保鲜，同时完善监管政策制度，约束农产品产地和运输服务商的"投机行为"；其次，为使产地与3PL成为紧密合作伙伴，农产品产地成员应该同第三方物流公司签订农产品保鲜契约，规定双方在农产品保鲜过程中的义务，对于违反契约规定的一方进行惩罚，从而降低"搭便车"的现象。

（2）鼓励产地预冷，提升供应链设备水平。针对农产品在产地缺乏预冷的现实情况，首先，应对产地的农户、合作社以及种植基地普及农产品产地提前预冷的相关知识，鼓励村集体、合作社、种植基地建设或者租赁冷库，为确保提前预冷效果，还要选择技术先进且适用当地情况的产地预冷设备；其次，在运输环节要调动第三方物流公司的积极性，让其认识到农产品保鲜的重要，并鼓励第三方物流公司淘汰老旧低效的冷藏车，改换碳排放更少的清洁能源冷藏车。

（3）加大沟通力度，准确地把握市场反馈。提升农产品保鲜水平所带来的收益还取决于消费者的反馈情况，一方面，消费者购买农产品后，应该将自身对新鲜度的关注进行反馈，这样可以使得供应链前端成员受到更多市场激励，从而使其更加积极进行农产品保鲜；另一方面，要加强农产品产地品牌建设，借助新媒体等渠道对采用精细化冷链管理的农产品进行宣传，并提供通畅的供需双方信息交流平台，这样才能更加迅速准确地获取消费者的保鲜反馈，来积累市场口碑。

第 12 章

结论与展望

本书以乡村振兴战略为背景，基于现有理论基础，在对国内外研究文献进行综合分析的基础上，重点分析湖北省农产品流通效率的提升，以期推动湖北省农产品流通产业的高质量发展。主要围绕以下几个方面展开研究：

（1）分析农业与物流业协调发展对农产品流通现代化的影响，在对全国30个省区市农产品流通现代化水平以及农业与物流业协调发展分析的基础上，借助计量模型，从农产品流通产业规模、农产品市场一体化和创新力培育三个角度梳理农业与物流业协调发展对农产品流通现代化的内在作用渠道和作用机制。

（2）对长江经济带各省区市农产品流通能力水平现状进行分析，并通过障碍度模型找出农产品流通能力水平的短板，重点对长江经济带各省区市农产品流通效率进行评价，依此剖析湖北省农产品流通效率在整个长江经济带的地位。

（3）从流通环境、流通主体、流通客体、流通载体以及流通渠道等方面对湖北省农产品流通产业发展现状进行分析，并指出当前湖北省农产品流通产业发展存在的问题。

（4）构建效率评价的投入产出指标体系，并从产业兴旺、生态宜居、乡风文明、治理有效和生活富裕五个维度构建乡村振兴评价指标体系，分别对湖北省 12 市的农产品流通效率与乡村振兴水平进行评价。

（5）借助"功能—机制—目标"研究框架，分析农产品流通效率助推乡村振兴的内在机制，通过构建双向固定效应模型，对理论分析部分进行验证。

（6）借助 TOE 理论，从"技术—组织—环境"三方面选择影响因素，通过 QCA 分析不同因素之间对农产品流通效率的组态效应。

（7）重点探究数字经济发展对农产品流通效率的影响机制，并通过构建双向固定效应模型对研究假设进行验证。

（8）分析农产品产地与 3PL 参与农产品保鲜的内涵与演化驱动机理，构建农产品产地与 3PL 之间的农产品保鲜演化博弈模型，研究在不同因素驱动下博弈双方的策略选择行为。

主要得出如下结论：

（1）通过分析农业与物流业协调发展对农产品流通现代化的影响发现，在样本期内，农业与物流业协调发展程度、农产品流通现代化均呈现稳步上升的趋势，两者区域排名均为"中部＞东部＞西部"；农业与物流业协调发展对农产品流通现代化具有显著的促进作用；在农业发展水平较低、物流业发展水平较低的地区，农业与物流业协调发展对农产品流通现代化的影响存在异质性。

（2）通过对长江经济带各省区市农产品流通能力进行分析，研究发现：长江经济带各省区市农产品流通能力得分差距明显，湖北省综合流通能力排名第 2 位，但农产品流通效率仅排名第 5 位，同时农产品流通效率是阻碍各省区市农产品流通能力提升的关键障碍因子；进一步对农产品流通效率进行分析，长江经济带各省区市农产品流通效率总体呈现波动上升趋势，但湖北省农产品流通效率年均值排名靠后，有较大的提升空间；长江经济带各省区市农产品流通效率呈现出明显的上中下游分化的空间格局，不同流域之间效率差异较大。

（3）通过对湖北省农产品流通产业发展现状进行分析，发现湖北省农产品流通产业存在以下问题：第一，流通主体方面，农户作为农产品流通体系前端，城乡收入分配差距较大，并且组织化程度较低阻碍了农产品流通产业发展；第二，流通客体方面，农产品产量不断增加，但零售价格指数呈现较大的波动，供需平衡性差的问题突出；第三，流通载体方面，农产品运输市场主体"小、散、弱"的现象突出，运输结构优化空间较大，信息化水平相对较低；第四，流通渠道方面，传统流通渠道中间环节过多，限制了农产品流通效率提升，同时电子商务使用率明显偏低，有较大提升空间。

（4）依据所构建的评价指标体系，通过超效率 SBM 模型和全局熵值法分别对湖北省 12 市的农产品流通效率与乡村振兴水平进行评价，研究发现：湖北省城市之间农产品流通效率发展水平存在较为显著的非均衡态势，同时湖北省整体农产品流通效率存在明显的两极分化现象，亟待缩小城市之间的效率差距；除 2020 年略有下降外，其余年份湖北省乡村振兴水平均呈现持续上升趋势，与农产品流通效率不同的是，湖北省乡村振兴水平两极化现象逐渐减弱，乡村振兴发展逐渐均衡。

（5）农产品流通效率的提升对乡村振兴具有重要的功能和意义，乡村振兴战略的实施也为农产品流通提效提供契机。通过实证分析，研究发现：农产品流通效率与乡村振兴水平之间具有显著的"U"形关系；数字经济在农产品流通效率影响乡村振兴水平的过程中有正向调节效应；农产品流通效率的提升可促进第一产业发展和提高居民收入，从而推动乡村振兴；武汉都市圈建设对农产品流通效率与乡村振兴水平之间的关系产生异质性影响。

（6）通过 QCA 分析不同因素之间对农产品流通效率的组态效应，研究发现：主要来自技术、组织和环境三个方面的影响因素，单一因素都不是促进高农产品流通效率的必要条件；形成高农产品流通效率的组态路径分为 3 类：组织引领型、环境带动型以及技术—组织协同型；而产生非高农产品流通效率的组态路径共有两条，数字经济作为核心条件存在，与理论相悖；武汉都市圈规划城市高农产品流通效率的实现路径与非武汉都市圈规划城市有显著不同，出现显著异质性。

（7）进一步探究数字经济对农产品流通效率的影响机制，研究发现：数字经济发展有助于促进农产品流通产业由要素驱动向创新驱动转变，但数字技术对农产品流通产业的数字化改造并非一蹴而就，往往需要一定的适应过程。因此，数字经济发展对农产品流通效率是先抑制后促进的"U"形非线性关系；一三产业协同集聚会在数字经济对农产品流通效率的影响过程中起到调节作用，并且这种调节作用会在武汉都市圈城市组和非武汉都市圈城市组中产生调节效应的异质性。

（8）借助演化博弈模型，基于多重驱动力视角，研究产地与 3PL 在不同因素驱动下博弈双方的策略选择行为，研究发现：3PL 的决策会受到碳交易价格波动的影响，碳减排收益增加会驱使其升级冷藏技术；消费者价值感知度作为正向驱动力能给双方带来更多收益，从而会驱使决策双方加强农产品保鲜力度；合作收益大小取决于博弈双方的合作程度，它的增加也会驱使决策双方加大农产品保鲜力度；在多重因素驱动下，能减少"搭便车"对系统的负面影响。

本研究也存在以下几点值得拓展之处：

（1）由于农产品流通效率和乡村振兴部分指标难以获取，研究数据主要来源于国家统计局和各城市统计年鉴，受限于数据的完整性和可得性，评价指标值得进一步扩充，未来可以继续丰富农产品流通效率和乡村振兴的评价指标体系。

（2）影响农产品流通效率的因素难以穷尽，本研究基于 TOE 框架进行探索，未来可以尝试从不同视角出发挖掘其他影响因素，同时 QCA 对时间效应的分析不太充分，未来可以继续探索 QCA 在时间层面上的运用，以此来研究组态路径在时间层上的变化。

（3）本研究构建的演化博弈模型仅考虑碳交易政策对第三方物流企业的影响，未能考虑碳交易对农产品产地保鲜的影响，在后续的研究中可以考虑此种情况，同时还可以在模型中引入奖惩机制以约束"搭便车"现象。因此，还可进一步深入研究。

参考文献

［1］习近平．高举中国特色社会主义伟大旗帜 为全面建设社会主义现代化国家而团结奋斗［N］．人民日报，2022－10－26（1）.

［2］周密，刘晓璇．全国统一大市场促进双循环的逻辑框架与实现路径［J］．经济纵横，2023，449（4）：22－30.

［3］谌玲，孔祥利．新发展格局和乡村振兴战略的内在逻辑、价值指向与施策重点［J］．河北经贸大学学报，2022，43（6）：73－82.

［4］汪旭晖，赵博．新发展格局下流通业促进形成强大国内市场的内在机制与政策思路［J］．经济学家，2021，274（10）：81－89.

［5］王昕天，荆林波．疫情防控中农产品流通堵塞原因、短期应对与长期设想［J］．中国流通经济，2022，36（12）：55－67.

［6］朱建江．习近平新时代中国特色社会主义乡村振兴思想研究［J］．上海经济研究，2018（11）：5－14，50.

［7］马丽．乡村振兴背景下高效生态农业发展战略研究［J］．农业经济，2018（10）：59－61.

［8］李长学．论乡村振兴战略的本质内涵、逻辑成因与推行路径［J］．内蒙古社会科学（汉文版），2018，39（5）：13－18.

［9］杨谦，孔维明．习近平乡村振兴战略研究［J］．马克思主义理论学科研究，2018，4（4）：83－95.

［10］朱泽．大力实施乡村振兴战略［J］．中国党政干部论坛，2017（12）：32－36.

［11］李周．乡村振兴战略的主要含义、实施策略和预期变化［J］．求索，2018（2）：44－50.

［12］李志龙．乡村振兴—乡村旅游系统耦合机制与协调发展研究：以湖南凤凰县为例［J］．地理研究，2019，38（3）：643－654．

［13］张雅静，孔敏，胡光铭，等．乡村振兴发展水平综合评价体系研究综述［J］．统计与决策，2023，39（7）：39－45．

［14］毛锦凰．乡村振兴评价指标体系构建方法的改进及其实证研究［J］．兰州大学学报（社会科学版），2021，49（3）：47－58．

［15］郭翔宇，胡月．乡村振兴水平评价指标体系构建［J］．农业经济与管理，2020（5）：5－15．

［16］郑家琪，杨同毅．乡村振兴评价指标体系的构建［J］．农村经济与科技，2018，29（17）：38－40．

［17］严晗．河南省乡村振兴综合评价与实现度研究［J］．湖北农业科学，2021，60（4）：5－9，30．

［18］浙江省统计局课题组，方腾高，王兆雄．浙江乡村振兴评价指标体系研究［J］．统计科学与实践，2019（1）：8－11．

［19］郭豪杰，张薇，张德亮．云南省乡村振兴实现度测定与分析［J］．云南农业大学学报（社会科学版），2019，13（3）：5－11．

［20］华宇佳，马晓旭．江苏省乡村振兴评价指标体系构建与评价方法研究［J］．农村经济与科技，2020，31（17）：322－324．

［21］王磊玲，邢琪瑄．乡村振兴综合评价指标体系构建与评估［J］．河南牧业经济学院学报，2021，34（2）：29－35．

［22］孙蕊．乡村振兴评价指标体系构建与实证［J］．电子技术与软件工程，2020（13）：116－117．

［23］"挑战杯"拓行团队，李铜山．中部六省乡村振兴质量评价及制宜化建议［J］．河南工业大学学报（社会科学版），2019，15（4）：1－14．

［24］徐雪，王永瑜．新时代西部大开发乡村振兴水平测度及影响因素分析［J］．西南民族大学学报（人文社会科学版），2021，42（5）：129－137．

［25］李坦，徐帆．长江经济带省域乡村振兴指数动态评价［J］．江苏农业学报，2020，36（3）：751－759．

[26] 陈炎伟，王强，黄和亮．福建省县域乡村振兴发展绩效评价研究 [J]．福建论坛（人文社会科学版），2019，328（9）：182 - 190.

[27] 周栋良．湖南乡村振兴实证研究 [J]．中南林业科技大学学报（社会科学版），2019，13（3）：71 - 76.

[28] 郭耀辉，李晓，何鹏，等．乡村振兴背景下县域乡村发展综合评价：以国家贫困县四川省马边县为例 [J]．中国农学通报，2019，35（10）：158 - 164.

[29] 彭文英，王瑞娟，刘丹丹．乡村振兴评价及政策建议 [J]．兰州财经大学学报，2020，36（1）：69 - 78.

[30] 吴九兴，黄贤金．中国乡村振兴发展的现状诊断与空间分异格局：地级市尺度的实证 [J]．经济与管理，2020，34（6）：48 - 54.

[31] 张晓杰，刘芳清，刘静波，等．村域乡村振兴评价指标体系构建：以津市市金鱼岭街道大关山村为例 [J]．安徽农业科学，2021，49（7）：212 - 214，254.

[32] 张雪，周密，黄利，等．乡村振兴战略实施现状的评价及路径优化：基于辽宁省调研数据 [J]．农业经济问题，2020（2）：97 - 106.

[33] 刘七军，胡垚坤，等．微观视角下民族地区乡村振兴评价实证分析：以宁夏回族自治区三县（区）为例 [J]．中国农机化学报，2020，41（11）：225 - 236.

[34] Dernoi L A. Prospects of rural tourism: Needs and opportunities [J]. Tourism Recreation Research, 1991, 16（1）: 89 - 94.

[35] Hannigan K. A regional analysis of tourism growth in Ireland [J]. Regional Studies, 1991, 28（2）: 208 - 214.

[36] Gale F. Cave "cave! Hic dragones": A neo - Gramscian deconstruction and reconstruction of international regime theory [J]. Review of International Political Economy, 1999, 5（2）: 252 - 283.

[37] 吴素芳．西部落后地区乡村振兴中"人"的因素的调查报告 [J]．农业经济，2019，386（6）：84 - 85.

[38] 廖柳文，高晓路. 人口老龄化对乡村发展影响研究进展与展望 [J]. 地理科学进展，2018，37（5）：617 – 626.

[39] 涂丽，乐章. 城镇化与中国乡村振兴：基于乡村建设理论视角的实证分析 [J]. 农业经济问题，2018，467（11）：78 – 91.

[40] 蔡兴，蔡海山，赵家章. 金融发展对乡村振兴发展影响的实证研究 [J]. 当代经济管理，2019，41（8）：91 – 97.

[41] 熊正德，顾晓青，魏唯. 普惠金融发展对中国乡村振兴的影响研究：基于 C – D 生产函数的实证分析 [J]. 湖南社会科学，2021，203（1）：63 – 71.

[42] Crowell J F. Report of the Industrial Commission on the Distribution of Farm Products [M]. Vol. Ⅵ Washington, D. C: Government Printing Office, 1901.

[43] Kashihara M. Issues of Farm Products Distribution System in Japan [J]. Proceedings of the Korean Retail Association Conference, 2016：28.

[44] Adewunmi T, Tawakalitu B. Efficiency of circulation of agricultural products under the background of "Internet +" [J]. Indian Journal of Public Health Research & Development, 2018, 4 (8): 196 – 200.

[45] Science-Agronomy. Researchers from School of Management and Economics Report on Findings in Agronomy (The "internet Plus" Intelligent Agricultural Products Circulation Channel based on the Fourth Party Logistics) [R]. Agriculture Week, 2019.

[46] Carl G, Christophe G. Trade in agricultural and food products [M]. Handbook of Agricultural Economics, 2022 (6): 4845 – 4931.

[47] 于海龙，武舜臣，张振. 供应链视角下鲜活农产品流通模式比较：兼论环节多、链条长的流通难题 [J]. 农村经济，2020（2）：89 – 97.

[48] 孟秋菊，徐晓宗. 小农户衔接现代农业发展的内涵研究 [J]. 重庆社会科学，2021，314（1）：23 – 37.

[49] 肖文金. 风险社会视角下突发疫情对生鲜农产品流通的影响及对策

［J］. 经济与管理评论，2020，36（4）：25－33.

［50］张喜才. 农产品供应链安全风险及应对机制研究［J］. 农业经济问题，2022，506（2）：97－107.

［51］李英，刁雪林. 低碳环保视角下农产品供应链流通方式创新［J］. 商业经济研究，2021，829（18）：149－152.

［52］王静，云建辉，陈蕊. 数字化赋能绿色农产品流通体系的路径机制研究［J］. 商业经济研究，2022，847（12）：33－36.

［53］郑鹏，李崇光. 农业现代化背景下农产品流通现代化的路径选择：一个理论分析框架［J］. 中国流通经济，2012，26（5）：24－29.

［54］涂洪波. 我国农产品流通现代化评价标准探讨［J］. 商业时代，2013，586（3）：32－33.

［55］齐艳，贾晋. 国内外农产品流通现代化模式研究［J］. 世界农业，2014，424（8）：91－93，99.

［56］Jensen H H, Zhou J. Food safety regulation and private standards in China［M］. Food safety, market organization, trade and development. New York：Springer International Publishing，2015：167－182.

［57］Gupta S, Bansal S. Optimal market－integration decisions by policymakers：Modeling and analysis of agriculture market data［J］. Operations Research，2022，70（1）：352－362.

［58］Nguyen V P, Prins C, Prodhon C. Solving the two－echelon location routing problem by a GRASP reinforced by a learning process and path relinking［J］. European Journal of Operational Research，2012，216（1）：113－126.

［59］Casino F, Kanakaris V, Dasaklis T K, et al. Blockchain－based food supply chain traceability：A case study in the dairy sector［J］. International Journal of Production Research，2021，59（19）：5758－5770.

［60］冯颖，李智慧，张炎治. 零售商主导下TPL介入的生鲜农产品供应链契约效率评价［J］. 管理评论，2018，30（3）：215－225.

［61］兰建义，时启超，冯中伟，等. 生鲜电商供应链企业社会责任分担策

略选择研究［J/OL］. 中国管理科学, 1 – 15, DOI: 10. 16381/j. cnki. issn1003 – 207x. 2021. 1781.

［62］李晔, 付筱. 政府补贴下果蔬冷链演化博弈［J］. 江苏农业科学, 2021, 49 (18): 241 – 247.

［63］李春发, 俎晓彤, 等. 价格竞争、保鲜努力与农产品电商冷链物流模式演化［J/OL］. 复杂系统与复杂性科学, 1 – 10, http: //kns. cnki. net/kc-ms/detail/37. 1402. N. 20221024. 1022. 002. html.

［64］Stern L W, EI – Ansary A I. Marketing Channels［M］. New Jersey: Prentice – Hall Inc. , 1977: 121.

［65］Kumar R, Husain N. Marketing Efficiency and Price Spread in Market-ing of Gram (Chickpea): A Study of Hamirpur District, U. P［J］. India Journal of Agricultural Economics, 1998, 53 (3): 390.

［66］王少芬. 生鲜农产品流通方式变革与物流效率提升的研究［J］. 物流工程与管理, 2020, 42 (10): 126 – 131.

［67］Coelli T J, Rao D S P, O'Donnell C J, et al. An introduction to effi-ciency and productivity analysis［M］. Springer Science & Business Media, 2005.

［68］Kumbhakar S C, Lovell C A K. Stochastic frontier analysis［M］. Cam-bridge University Press, 2003.

［69］欧阳小迅, 黄福华. 中国农产品流通效率的度量及其决定因素: 2000—2009［J］. 农业技术经济, 2011 (2): 76 – 84.

［70］徐丹丹, 王帅. 京津冀农产品批发市场的技术效率及影响因素分析: 基于随机前沿分析的实证研究［J］. 北京社会科学, 2018 (12): 87 – 95.

［71］罗国良. 农产品流通市场空间集聚水平与流通效率: 基于农产品价格视角［J］. 商业经济研究, 2021 (13): 39 – 43.

［72］何小洲, 刘丹. 电子商务视角下的农产品流通效率［J］. 西北农林科技大学学报 (社会科学版), 2018, 18 (1): 58 – 65.

［73］吕建兴, 叶祥松. 中国农产品流通效率及其演变特征: 基于流通环节的视角［J］. 世界农业, 2019 (6): 46 – 57.

［74］杨维琼，邰小珈．京津冀农产品流通效率评价：基于 PCA – DEA – Malmquist 指数分析 ［J］．商业经济研究，2021（11）：143 – 146.

［75］Garcia B T. Analysis of the Performance of Transporting Soybeans from Mato Grosso for Export：A Case Study of the Tapajós – Teles Pires Waterway ［J］. Sustainability，2019，11（21）：6124.

［76］Saputri V H L，Hisjam W S M，Azanizawati M. Sustainable Agri – Food Supply Chain Performance Measurement Model for GMO and Non – GMO Using Data Envelopment Analysis Method ［J］. Applied Sciences，2019，9（6）：1199.

［77］Andréa L R D O，Karina B M，Sandra L R F. Performance evaluation of agricultural commodity logistics from a sustainability perspective ［J］. Case Studies on Transport Policy，2022，10（1）：674 – 685.

［78］王春豪，袁菊．西部地区现代流通业效率测度及空间差异分析：基于非径向超效率三阶段 DEA 模型 ［J］．工业技术经济，2019，38（12）：102 – 110.

［79］Fried H O，C Lovell A K，Schmidt S S，et al. Accounting for environmental effects and statistical noise in data envelopment analysis ［J］. Journal of Productivity Analysis，2002，17（1/2）：157 – 174.

［80］赵凯旭，杨永春，李恩龙，等．中国区域创新效率时空演变及其影响因素研究 ［J］．西北大学学报（自然科学版），2019，49（3）：437 – 448.

［81］赵林，曹乃刚，韩增林，等．中国绿色经济效率空间关联网络演变特征及影响因素 ［J］．资源科学，2021，43（10）：1933 – 1946.

［82］涂洪波．农产品流通现代化评价指标的实证遴选及应用 ［J］．中国流通经济，2012，26（6）：18 – 23.

［83］王伟新，祁春节．我国农产品流通现代化评价指标体系的构建与测算 ［J］．经济问题探索，2013，366（1）：128 – 133.

［84］周丹，杨晓玉，姜鹏．中国重要农产品流通现代化水平测度与实证研究：基于 2000—2014 年度省际面板数据 ［J］．贵州财经大学学报，2016，184（5）：22 – 28.

［85］赵博．农产品流通现代化与价格机制耦合关联性研究 ［J］．价格理

论与实践，2021，446（8）：173 - 176.

[86] 曾庆均，唐菁，张娜. 数字经济、区域创新能力与农产品流通现代化：来自长江经济带的经验证据 [J]. 中国流通经济，2022，36（8）：3 - 15.

[87] Li C，Guo G. The Influence of Large - Scale Agricultural Land Management on the Modernization of Agricultural Product Circulation：Based on Field Investigation and Empirical Study [J]. Sustainability，2022，14（21）：13967.

[88] 刘海飞. 深化改革加快农产品物流业发展 [J]. 农业经济问题，1992（4）：10 - 13.

[89] 祁峰，冯梦龙. 完善农产品供应链促进农村经济发展研究 [J]. 理论探讨，2020，215（4）：101 - 107.

[90] 王海南，宁爱照，马九杰. 疫情后我国生鲜农产品供应链的优化路径与策略 [J]. 农村经济，2020，456（10）：107 - 113.

[91] 黎红梅，周冲. 全面推进乡村振兴背景下农村高效物流体系构建分析 [J]. 理论探讨，2021，220（3）：139 - 144.

[92] 曾倩琳，孙秋碧. 我国现代农业与物流业耦合关联的实证研究 [J]. 统计与决策，2016，452（8）：94 - 97.

[93] 梁雯，许丽云，司俊芳. 农业与物流业耦合协调发展研究：基于中国省际面板数据的实证分析 [J]. 经济与管理评论，2018，34（5）：150 - 161.

[94] 舒辉，胡毅. 基于复合系统耦合的农业物流生态圈协同发展研究 [J]. 统计与信息论坛，2020，35（12）：62 - 71.

[95] 陈淑祥. 农产品流通影响因素分析 [J]. 乡镇经济，2005（6）：30 - 32.

[96] 吴舒，穆月英. 基于时空特征的中国蔬菜流通及影响因素分析 [J]. 商业经济与管理，2016（2）：18 - 25.

[97] 金赛美. 中国农产品流通效率测量及其相关因素分析 [J]. 求索，2016（9）：129 - 132.

[98] 李丽，胡紫容. 京津冀农产品流通体系效率评价及影响因素研究 [J]. 北京工商大学学报（社会科学版），2019，34（3）：41 - 50.

［99］卢德娴，吕雅辉，张润清．河北省农产品流通体系效率测评与影响因素研究［J］．北方园艺，2021（6）：150 – 156.

［100］叶庆媛，张菊霞．呼伦贝尔市东部地区大豆流通体系影响因素分析及对策建议［J］．大豆科学，2021，40（6）：844 – 850.

［101］Adanacioglu H. Factors affecting farmers' decisions to participate in direct marketing：A case study of cherry growers in the Kemalpasa District of Izmir, Turkey［J］. Renewable Agriculture and Food Systems, 2016, 32（4）：291 – 305.

［102］Fadhel A W, Ndiaye M, Khumawala B, et al. Waste Management in Sustainable Food Supply Chain through Reverse Logistics［C］. Proceedings for the Northeast Region Decision Sciences Institute, 2017：1058 – 1068.

［103］Giannakis E, Bruggeman A. Exploring the labor productivity of agricultural systems across European regions：A multilevel approach［J］. Land Use Policy, 2018（77）：94 – 106.

［104］Kamble S, Gunasekaran A, Gavaskar S A. Achieving sustainable performance in a data-driven agriculture supply chain：A review for research and applications［J］. International Journal of Production Economics, 2019（20）：179 – 194.

［105］董千里，姚华，王东方．流通节点城市对物流生产效率的影响：来自中国285个城市数据的证据［J］．财贸研究，2020，31（8）：28 – 37.

［106］郝爱民．流通数字化对中国农村三产融合的影响［J］．中国流通经济，2022，36（2）：36 – 44.

［107］廉永生，谭婷婷，符建华．数字普惠金融促进中国流通业发展的影响机制研究［J］．哈尔滨商业大学学报（社会科学版），2022（3）：35 – 44.

［108］万长松．政府补助、社会责任与流通企业效率［J］．商业经济与管理，2022（1）：19 – 31.

［109］董翀．产业兴旺：乡村振兴的核心动力［J］．华南师范大学学报（社会科学版），2021，253（5）：137 – 150，207 – 208.

［110］吴振方，李萍．畅通城乡经济循环：生成逻辑、现实梗阻与实现路径［J］．农村经济，2021，468（10）：18 – 26.

［111］刘振中. 乡村振兴战略背景下优化农村现代供应链与扩大农村内需研究［J］. 贵州社会科学, 2022, 390 (6)：152-160.

［112］陈晓东, 李晏墅. 推进农村流通现代化提升"三农"利益［J］. 财贸经济, 2004 (12)：58-61.

［113］朱文博, 陈永福, 司伟. 基于农业及其关联产业演变规律的乡村振兴与农村一二三产业融合发展路径探讨［J］. 经济问题探索, 2018, 433 (8)：171-181.

［114］李连英, 李崇光. 中国特色农产品流通现代化的主要问题与对策［J］. 中国流通经济, 2012, 26 (2)：21-26.

［115］Kumar P, Mishra S, Khanna V, et al. Impact of Marketing Reforms on Farm - Market Linkages［M］. Sustainable Food Value Chain Development：Perspectives from Developing and Emerging Economies. Singapore：Springer Nature Singapore, 2023：239-257.

［116］刘书艳. 农产品流通中存在问题及优化策略研究：基于新型城镇化建设背景［J］. 经济问题, 2016, 441 (5)：90-93.

［117］Zheng F, Zhou X. Sustainable model of agricultural product logistics integration based on intelligent blockchain technology［J］. Sustainable Energy Technologies and Assessments, 2023 (57)：103258.

［118］Karasu T, Hussain S, Leviäkangas P. First Mile Challenges for Agricultural Logistics［C］//Advances in Resilient and Sustainable Transport：Proceedings of the 6th Interdisciplinary Conference on Production, Logistics and Traffic 2023. Cham：Springer International Publishing, 2023：60-74.

［119］俞彤晖, 陈斐. 数字经济时代的流通智慧化转型：特征、动力与实现路径［J］. 中国流通经济, 2020, 34 (11)：33-43.

［120］孙先民, 张国微. 智慧城市驱动商贸流通产业发展：理论机制、计量检验与政策含义［J］. 商业研究, 2022, 534 (4)：58-66.

［121］Chandan A, John M, Potdar V. Achieving UN SDGs in Food Supply Chain Using Blockchain Technology［J］. Sustainability, 2023, 15 (3)：2109.

［122］杨水根，王露．湖南省武陵山片区人口城镇化与流通产业发展协同演化及其减贫效应研究［J］．地理科学，2020，40（11）：1909－1920.

［123］Wurwarg J. Urbanization and hunger：Food policies and programs，responding to urbanization，and benefiting the urban poor in three cities［J］. Journal of International Affairs，2014：75－90.

［124］赵连阁，黄桂琴，王学渊．劳动力市场分割、要素配置效率与农产品流通产业增长：一个有调节的中介效应检验［J］．农业技术经济，2021，311（3）：4－19.

［125］Strenze T. Allocation of talent in society and its effect on economic development［J］. Intelligence，2013，41（3）：193－202.

［126］夷香萍．农产品市场营销对流通产业增长的影响机理［J］．中国农业资源与区划，2021，42（9）：215，225.

［127］Murphy K M，Shleifer A，Vishny R. Income distribution，market size，and industrialization［J］. The Quarterly Journal of Economics，1989，104（3）：537－564.

［128］程艳．中国流通产业的制度环境与公司治理：基于产业组织理论视角的分析［J］．浙江学刊，2022，255（4）：86－93.

［129］谢培秀．试论发展中国的农业物流业［J］．中国流通经济，2003（11）：27－30.

［130］胡凌啸，王亚华．小农户和现代农业发展有机衔接：全球视野与中国方案［J］．改革，2022（12）：89－101.

［131］刘贯春，张晓云，邓光耀．要素重置、经济增长与区域非平衡发展［J］．数量经济技术经济研究，2017，34（7）：35－56.

［132］侯晓康，张强强，刘天军．双循环新发展格局下农产品市场整合关系异质性研究：新结构经济学视角［J］．商业经济与管理，2022（6）：5－19.

［133］程恩富，谭劲松．创新是引领发展的第一动力［J］．马克思主义与现实，2016（1）：13－19.

［134］肖亮，王家玮．现代流通体系畅通双循环的理论逻辑与内在机理

研究 [J]. 商业经济与管理, 2022 (1): 5 - 18.

[135] 陆明. 创新驱动对我国产业结构转型升级的影响 [J]. 中国党政干部论坛, 2020 (10): 53 - 54.

[136] 李政, 杨思莹. 科技创新、产业升级与经济增长: 互动机理与实证检验 [J]. 吉林大学社会科学学报, 2017, 57 (3): 41 - 52, 204 - 205.

[137] 江艇. 因果推断经验研究中的中介效应与调节效应 [J]. 中国工业经济, 2022 (5): 100 - 120.

[138] 熊国经, 熊玲玲, 陈小山. 基于因子分析与 TOPSIS 法在学术期刊评价中的改进研究 [J]. 情报杂志, 2016, 35 (7): 196 - 200.

[139] 陈宇峰, 叶志鹏. 区域行政壁垒、基础设施与农产品流通市场分割: 基于相对价格法的分析 [J]. 国际贸易问题, 2014 (6): 99 - 111.

[140] 桂琦寒, 陈敏, 陆铭, 等. 中国国内商品市场趋于分割还是整合: 基于相对价格法的分析 [J]. 世界经济, 2006 (2): 20 - 30.

[141] 钟文, 钟昌标, 郑明贵. 资本匹配、创新力培育与区域协调发展: 理论机制与经验证据 [J]. 科技进步与对策, 2020, 37 (18): 36 - 43.

[142] 龚雪, 荆林波. 物流业与制造业耦合协同对制造业高质量发展的影响 [J]. 中国流通经济, 2022, 36 (7): 22 - 37.

[143] 孟彩霞, 宋清, 田晖. 人工智能应用加大了区域产业结构发展差距吗? ——基于 Dagum Gini 系数的实证分析 [J]. 当代经济管理, 2022, 44 (12): 50 - 62.

[144] 葛继红, 王猛, 汤颖梅. 农村三产融合、城乡居民消费与收入差距: 效率与公平能否兼得? [J]. 中国农村经济, 2022 (3): 50 - 66.

[145] 崔向阳. 流通组织创新: 缩短与延长流通时间 [J]. 中国流通经济, 2015, 29 (2): 25 - 32.

[146] Kaoru Tone. A slacks-based measure of super-efficiency in data envelopment analysis [J]. European Journal of Operational Research, 2002, 143 (1): 32 - 41.

[147] Dagum C. A new approach to the decomposition of the Gini income ine-

quality ratio［J］. Empirical Economics，1997，22（4）：515 –531.

［148］张卓群，张涛，冯冬发. 中国碳排放强度的区域差异、动态演进及收敛性研究［J］. 数量经济技术经济研究，2022，39（4）：67 –87.

［149］Silverman B W. Density estimation for statistics and data analysis［M］. CRC Press，1986.

［150］周娟. 农民专业合作社的困境与农民合作的本土化路径探讨［J］. 农村经济，2023，483（1）：127 –136.

［151］闫周府，吴方卫. 从二元分割走向融合发展：乡村振兴评价指标体系研究［J］. 经济学家，2019，246（6）：90 –103.

［152］贾晋，李雪峰，申云. 乡村振兴战略的指标体系构建与实证分析［J］. 财经科学，2018，368（11）：70 –82.

［153］陈国生，刘小凤，蒋淑玲，等. 湖南省乡村振兴耦合协调发展测度与路径选择研究［J］. 经济地理，2019，39（5）：191 –197，206.

［154］鲁邦克，许春龙，孟祥兰. 中国省际乡村振兴发展速度测度与时空异质性研究：基于组合加权主成分分析的综合评价方法［J］. 数理统计与管理，2021，40（2）：205 –221.

［155］徐雪，王永瑜. 中国乡村振兴水平测度、区域差异分解及动态演进［J］. 数量经济技术经济研究，2022，39（5）：64 –83.

［156］杨阿维，李昕，叶晓芳. 西藏乡村振兴指标体系构建及评价［J］. 西藏大学学报（社会科学版），2021，36（3）：185 –193.

［157］匡海波，陈树文. 基于熵权 TOPSIS 的港口综合竞争力评价模型研究与实证［J］. 科学学与科学技术管理，2007，313（10）：157 –162.

［158］王彦杰，高启杰. 数字经济产业集聚对绿色技术创新的影响：基于环境规制的调节效应分析［J］. 技术经济，2023，42（2）：20 –30.

［159］杨博，王征兵. 绿色技术创新对生鲜农产品绿色物流效率的影响：基于产业集聚的调节效应［J］. 中国流通经济，2023，37（1）：60 –70.

［160］赵涛，张智，梁上坤. 数字经济、创业活跃度与高质量发展：来自中国城市的经验证据［J］. 管理世界，2020，36（10）：65 –76.

［161］韦施威，杜金岷，潘爽．数字经济如何促进绿色创新：来自中国城市的经验证据［J］．财经论丛，2022，291（11）：10 - 20.

［162］赵羚雅．乡村振兴背景下互联网使用对农民创业的影响及机制研究［J］．南方经济，2019，359（8）：85 - 99.

［163］潘明清，范雅静．数字普惠金融助推乡村振兴的机制与效应研究［J］．宏观经济研究，2023，292（3）：35 - 47.

［164］刘博敏，戴嵘，杜建军．农业产业集聚对乡村振兴的影响［J］．统计与决策，2023，39（1）：92 - 96.

［165］朱丹，周守华．战略变革、内部控制与企业绩效［J］．中央财经大学学报，2018，366（2）：53 - 64.

［166］Tornatzky L G, Fleischer M, Chakrabarti A K. Processes of technological innovation［M］. Lexington Books, 1990.

［167］陶克涛，张术丹，赵云辉．什么决定了政府公共卫生治理绩效？——基于QCA方法的联动效应研究［J］．管理世界，2021，37（5）：128 - 138，156.

［168］杜运周，贾良定．组态视角与定性比较分析（QCA）：管理学研究的一条新道路［J］．管理世界，2017，285（6）：155 - 167.

［169］Ragin C C. The comparative method: Moving beyond qualitative and quantitative strategies［M］. Berkeley: University of California Press, 1987.

［170］李蔚，何海兵．定性比较分析方法的研究逻辑及其应用［J］．上海行政学院学报，2015，16（5）：92 - 100.

［171］Fiss P C, Sharapov D, Cronqvist L. Opposites Attract? Opportunities and Challenges for Integrating Large - N QCA and Econometric Analysis［J］. Political Research Quarterly, 2013, 66（1）: 191 - 198.

［172］Ragin C C. Fuzzy - Set Social Science［M］. Chicago: University of Chicago Press, 2000.

［173］Hino A. Time - Series QCA: Studying Temporal Change through Boolean Analysis［J］. Sociological Theory and Methods, 2009, 24（2）: 247 - 265.

［174］Schneider C Q, Wagemann C. Set – Theoretic Methods for the Social Sciences: A Guide to Qualitative Comparative Analysis ［M］. Cambridge: Cambridge University Press, 2012.

［175］Rihoux B, Ragin C C. Configurational Comparative Methods: Qualitative Comparative Analysis（QCA）and Related Techniques ［M］. Thousand Oaks: Sage, 2009.

［176］Fiss P C. Building better causal theories: A fuzzy set approach typologies in organization research ［J］. Academy of Management Journal, 2011, 54（2）: 393 – 420.

［177］Greckhamer T. CEO compensation in relation to worker compensation across countries: The configurational impact of country-level institutions ［J］. Strategic Management Journal, 2016, 37（4）: 793 – 815.

［178］Greckhamer T, Gur F A. Disentangling combinations and contingencies of generic strategies: A set-theoretic configurational approach ［J］. Long Range Planning, 2021, 54（2）, DOI: 10. 1016/j. lrp. 2019. 101951.

［179］Ragin C C. Redesigning Social Inquiry: Fuzzy Sets and Beyond ［M］. Chicago: University of Chicago Press, 2008.

［180］张明, 杜运周. 组织与管理研究中 QCA 方法的应用: 定位、策略和方向 ［J］. 管理学报, 2019, 16（9）: 1312 – 1323.

［181］Crilly D, Zollo M, Hansen M T. Faking It or Muddling through? Understanding Decoupling in Response to Stakeholder Pressures ［J］. Academy of Management Journal, 2012, 55（6）: 1429 – 1448.

［182］杜运周, 刘秋辰, 程建青. 什么样的营商环境生态产生城市高创业活跃度? ——基于制度组态的分析 ［J］. 管理世界, 2020, 36（9）: 141 – 155.

［183］杜运周, 刘秋辰, 陈凯薇, 等. 营商环境生态、全要素生产率与城市高质量发展的多元模式: 基于复杂系统观的组态分析 ［J］. 管理世界, 2022, 38（9）: 127 – 145.

［184］Chen L, Li Y, Fan D. How Do Emerging Multinationals Configure Political Connections across Institutional Contexts? ［J］. Global Strategy Journal, 2018, 8（3）: 447 – 470.

［185］ Patala S, Juntunen J K, Lundan S, et al. Multinational energy utilities in the energy transition: A configurational study of the drivers of FDI in renewables ［J］. Journal of International Business Studies, 2021, 52（5）: 930 – 950.

［186］ White L, Lockett A, Currie G, et al. Hybrid context, management practices and organizational performance: A configurational approach ［J］. Journal of Management Studies, 2021, 58（3）: 718 – 748.

［187］ Leppänen P, George G, Alexy O. When do novel business models lead to high performance? A configurational approach to value drivers, competitive strategy, and firm environment ［J］. Academy of Management Journal, 2023, 66（1）: 164 – 194.

［188］ Marshall A. Principles of economics: Unabridged eighth edition ［M］. Cosimo, Inc. , 2009.

［189］ Haans R F J, Pieters C, He Z L. Thinking about U: Theorizing and testing U and inverted U shaped relationships in strategy research ［J］. Strategic Management Journal, 2016, 37（7）: 1177 – 1195.

［190］ 刘佳丽, 荣垂青. 产业集聚、产业协同对人口迁移的影响 ［J］. 人口学刊, 2023, 45（3）: 63 – 77.

［191］ 张丽君, 梁怡萱, 巩蓉蓉. 数字经济对城乡收入差距的动态影响研究: 来自中国31个省（区、市）的证据 ［J］. 经济问题探索, 2023, 488（3）: 18 – 40.

［192］ 谢蕊蕊. 中国生鲜农产品冷链物流"最先一公里"发展探讨 ［J］. 商业经济研究, 2022（2）: 114 – 117.

［193］ 张喜才. 中国农产品冷链物流经济特性、困境及对策研究 ［J］. 现代经济探讨, 2019（12）: 100 – 105.

［194］ Friedman D. Evolutionary Games in Economics ［J］. Econometrica, 1991, 59（3）: 637 – 666.

［195］方国昌，何宇，田立新．碳交易驱动下的政企碳减排演化博弈分析［J/OL］．中国管理科学，https：//doi. org/10. 16381/j. cnki. issn1003 – 207x. 2021. 1401.

［196］徐蓁．生鲜农产品供应链保鲜投入的演化博弈分析与仿真研究［J］．包装工程，2019，40（11）：66 – 71.